SACHUNTERRICHT

Inhalte in und durch Bewegung nachhaltig verankern

Auer Verlag

Gedruckt auf umweltbewusst gefertigtem, chlorfrei gebleichtem und alterungsbeständigem Papier.

1. Auflage 2014
Nach den seit 2006 amtlich gültigen Regelungen der Rechtschreibung

Umschlagfoto: Andrea Probst
Illustrationen: Corina Beurenmeister
Satz: fotosatz griesheim GmbH
Druck und Bindung: Kessler Druck+Medien, Bobingen
ISBN 978-3-403-**07419**-9

www.auer-verlag.de

Bewegter Sachunterricht 4

Zum Aufbau 8

Zeit und Geschichte

1 Tageszeiten 9
2 Mein Tag 10
3 Tage hüpfen 11
4 Gestern, heute, morgen 12
5 Sekundengehen 13
6 Zeitspannen füllen 14
7 Jahreskreis hüpfen 15
8 Stammbaum 16
9 Mein Stammbaum 17
10 Schule früher 18
11 Alte Spiele 19

Gesellschaft und Politik

12 Familienkonstellationen 20
13 Der Schulhof als Bewegungs- und Begegnungsraum 21
14 Schüler entwickeln eine Pausenspielkiste 22
15 Wunschsportstunde – Perspektivwechsel 23
16 Mannschaften wählen 24
17 Gerechte Mannschaftsbildung 26

Raum

18 Sich im Klassenraum orientieren 27
19 Räume kartographieren 28
20 Sich an Karten orientieren 29
21 Route verfolgen 30
22 Verkehrszeichen 31
23 Verkehrszeichen beachten 32
24 Gestaltung und Nutzung der Umgebung 33

Natur

25 Wasser, Land, Luft 34
26 Tiere nachahmen 35
27 Körperkontakte 36
28 Starschnitt 37
29 Sitzexperimente 38
30 Anspannung und Entspannung 39
31 Mein Rücken ist meine Lehne 40
32 Aus der Puste 41
33 Sonne, Wind, Wolken 42
34 Blitz und Donner 43
35 Wettermassage 44
36 Luft hat Kraft 45
37 Gegen den Wind 46
38 Wasser hat Kraft 47
39 Wasser trägt 48
40 Leiter und Nichtleiter 49
41 Offener und geschlossener Stromkreis 50
42 Strom ein- und ausschalten 51
43 Reihen- und Parallelschaltung 52
44 Magnetismus ferromagnetischer Stoffe 53

Technik

45 Nach Plänen bauen 54
46 Turmbau 55
47 Brückenkonstruktion 56
48 Lastentransport 57
49 Wippe und Hebel 58
50 Fahrradteil-Quiz 59

Index 60

Bewegter Sachunterricht

Die Aufgabe des Sachunterrichts ist es, den Kindern Gelegenheiten zum Aufbau grundlegender Sachkenntnisse über die Welt zu geben und sie zunehmend zur Mitgestaltung ihrer Lebenswirklichkeit zu befähigen. Dabei sind immer zwei Aspekte bedeutsam:

1. das Verhältnis des Menschen zur belebten und unbelebten Natur, zur Wissenschaft und zur Technik
2. die Gestaltung des Zusammenlebens der Menschen untereinander (gesellschaftliche und politische Verhältnisse)

Ziel des Sachunterrichts ist folglich die Entwicklung einer Handlungskompetenz in fünf Erfahrungsfeldern: im sozialen und kulturellen, historischen, raumbezogenen, naturbezogenen und technischen Lernen (vgl. GDSU, 2002). Diese Handlungsfelder finden sich auch in den fünf Kompetenzbereichen wieder, die beispielsweise das Niedersächsische Kerncurriculum ausweist: Zeit und Geschichte, Gesellschaft und Politik, Raum, Natur sowie Technik (NKM, 2006, S. 8 ff.).

Sachunterricht erhebt wie jedes andere Unterrichtsfach auch einen Bildungsanspruch. Versteht man Bildung als „Weltverstehen" und als Prozess der Selbstbildung, so ist damit die Klärung des Selbstverhältnisses zur Sache und zu den Inhalten gemeint. Dieser Klärungsprozess vollzieht sich in einer wechselseitigen Erschließung von „Ich" und „Welt" (Benner, 1996, S. 134). Voraussetzung für diesen Prozess ist eine fortschreitend-entdeckende Auseinandersetzung des Lernenden mit den Phänomenen der Welt. Eine solche Vorgehensweise ermöglicht Kindern, Fragen an die Welt zu stellen, ihren Fragen selbst nachzugehen und sie zu beantworten. Zum Weltverstehen gehört auch die Aneignung und Gestaltung von Welt. Beides hat nicht nur eine rationale, sondern auch eine emotionale und handlungsbezogene Basis: Sie baut auf Aufmerksamkeit, Anteilnahme und Betroffensein auf. Für die Anbahnung grundlegenden Verstehens und für die Entwicklung einer differenzierten Urteils- und Ausdruckskraft im Sachunterricht sind deshalb ästhetische und auch leiblich-sinnliche Erfahrungsprozesse wichtig.

Im Sachunterricht der Grundschule hat die Begegnung mit den Phänomenen der Welt die Aufgabe, interessante Erfahrungen zu vermitteln, Fragen aufzuwerfen, Eindrücke von bestaunenswerten Vorgängen zu hinterlassen, die Neugierde für eine vertiefte Auseinandersetzung mit der Sache zu wecken. Wenn Fragen aufgeworfen sind und Neugierde angestoßen werden soll, dann müssen auch die Sinne der Kinder eindrucksvoll angestoßen werden. „Junge Menschen, die neue Einsichten erwerben sollen, brauchen den sinnlichen Kontakt zu Schlüsselphänomenen, um sich eine treffende Vorstellung machen zu können" (Köhnlein, 1986, 478). Kahlert-Reby und Miedzinski (1988) schließen an diesen Gedanken folgerichtig die Frage an: „Wann wäre dieser sinnliche Kontakt enger als in Situationen, in denen der eigene Körper zum Medium der Erfahrung wird, die naturwissenschaftlichen Phänomene (die Phänomene leiblicher Weltbegegnung; Anm. der Verf.) also nicht nur gesehen, beobachtet, bestimmt, sondern sogar gespürt werden?". Das leibliche Spüren ist immer mit einem Bewirken verbunden, beides ist an Bewegung gebunden. So kann z. B. die Auftriebskraft von Wasser über apparative Experimente anschaulich verdeutlicht werden. Wenn diese jedoch leiblich in Erfahrung gebracht werden soll, muss man in ein Schwimmbecken gehen, d. h. man muss die imaginäre Grenze zwischen Land und Wasser überschreiten und sich in das Wasser hineinbegeben, um die Kraft zu spüren, die bewirkt, dass man nicht untergeht. Das Phänomen, in einem flüssigen Element nicht unterzugehen (möglicherweise mit Unterstützung von Auftriebsmitteln), macht zunächst einmal leiblich betroffen, das Wasser (als Beispiel für einen Weltausschnitt) wird leiblich „verstanden".

Wir halten solche leiblich bzw. bewegungsmäßig gebundenen Erfahrungsprozesse für eine entsprechende Vorstellungsbildung über Phänomene der Welt für unerlässlich. In der Grundschule ist imaginatives Lernen (Vorstellung bildendes Lernen) auf ganzheitliche Erkenntniswege und insofern auch auf ein Bewegtes Lernen angewiesen. Die folgenden Übungsbeispiele sollen zeigen, wie ein derart verstandenes imaginatives Lernen durch und mit Bewegung inszeniert werden kann. Dabei beziehen sich die Übungsbeispiele auf die fünf oben genannten Perspektiven.

Bei den Beispielen handelt es sich in der Regel um die Umsetzung von Konzepten des Lernens durch Bewegung. Wenn man mit Bruner (1997) davon ausgeht, dass Kinder sich ihre Weltvorstellungen auf einer handelnden, bildhaften und symbolischen Ebene bilden, dann dürfte sich diese Reihenfolge auch im Lernprozess der Kinder als Verfahren für die Vermittlung von Bildungsinhalten eignen. Genau dies ermöglicht das Lernen durch und in Bewegung (vgl. Beckmann u.a. 2012).

Beim Lernen *durch* Bewegung wird das Sich-Bewegen genutzt, um die Qualität des Lernprozesses zu erhöhen und diesen um einen weiteren „Erschließungskanal" zu ergänzen. Das leibliche Lernen basiert auf sinnlicher Wahrnehmung und der „Einverleibung des Wahrgenommenen" (Liebau, 2007, S. 104). Dabei wird Bewegung zu einem Medium der körperlich-sinnlichen Aneignung von Lerninhalten in einem am eigenen Tun orientierten Unterricht und bekommt eine *lernerschließende* Funktion. Die Verknüpfung von Bewegung und Lernen erfolgt dabei gleichzeitig auf einer zeitlichen und inhaltlichen Ebene.

Beim Lernen *in* Bewegung erfolgt die Verknüpfung von Bewegung und Lernen nur auf zeitlicher Ebene, es besteht zwar ein methodischer, aber kein inhaltlicher Zusammenhang zwischen der Bewegung und dem Lerngegenstand. Bewegung wird *lernbegleitend* eingesetzt und dient in diesem Fall der kindgemäßen Rhythmisierung einer Unterrichtseinheit.

In vielen der in diesem Buch vorgestellten Übungsbeispiele hat Bewegung eine lernerschließende Funktion. Sie stellen im Sinne des Bruner'schen Konzepts (2007) den handelnden Einstieg in eine Thematik dar, die dann auf bildhafter und symbolischer Ebene fortgeführt wird. Auf diesen Ebenen kommt es dann auch darauf an, dass die Schüler[1] entsprechende Methoden oder Kompetenzen entwickeln, die es ihnen ermöglichen, Sachphänomene zu erarbeiten. Eine entsprechende Methodenkompetenz haben Schüler dann, wenn sie Methoden entdecken, entwickeln und verwenden können. Handlungskompetenz als übergeordnete Zielsetzung des Sachunterrichts bedingt das Entdecken geeigneter Methoden, deren Entwicklung und Anwendung (vgl. Meier, 1997, S. 115 ff). In diesem Sinne kann das Bewegte Lernen durchaus auch als eine Methode verstanden werden, die Schüler entdecken, entwickeln und anwenden (siehe Beispiele 10–24 und 30–32 in diesem Buch).

Die Beispielbeschreibungen beschränken sich in der Regel auf die bewegt zu erarbeiten Aspekte eines Themas. Eine Ausnahme bilden die Beispiele im Kompetenzfeld „Gesellschaft und Politik", bei denen größere Unterrichtsprojekte zum Thema „Demokratie lernen" im Überblick dargestellt werden. Eine Beschränkung auf die bewegten Lernsequenzen wäre hier wenig aussagekräftig. „Demokratie lernen" (vgl. Burk, Speck-Hamdan, Wedekind, 2003) bedeutet Verantwortung übernehmen, Selbständigkeit erlernen, Toleranz entwickeln, etwas mitgestalten, sich beteiligen und mitbestimmen. Solche Kompetenzen können Kinder erwerben, wenn sie grundsätzlich die Möglichkeit der Mitbestimmung und der Teilhabe an Entscheidungen haben. In der grundschulpädagogischen Diskussion wird dies auch unter dem Begriff der Partizipation zusammengefasst (vgl. Burk, Speck-Hamdan, Wedekind, 2003, S. 10 f.). Fasst man Partizipation als eine pädagogische Kategorie auf, so geht es in der Schule und im Unterricht darum, den Schülern Partizipationsmöglichkeiten anzubieten, in und an denen sie selbstbestimmtes Handeln, die Artikulation eigener Interessen, Sozialkompetenz, Toleranz, Kritik- und Kommunikationsfähigkeit und die Bereitschaft, für sich und andere Verantwortung zu übernehmen, lernen können. In der Grundschule bieten sich eine Fülle von Möglichkeiten, ausgehend von dem Prinzip „Am Kleinen das Große lernen" (Groeben, 2000), bewegte Lernanlässe zu schaffen, an und in denen die Schüler unmittelbar Partizipationserfahrungen sammeln können. Das trifft auch für alle anderen Kompetenzfelder zu.

Im Kompetenzfeld „Zeit und Geschichte" geht es um bewegte Möglichkeiten der linearen und zyklischen Zeiteinteilung und unter historischer Perspektive um das Erfassen von größeren Zeitspannen bezogen auf die eigene Biographie und eigene Lebensthemen.

Im Kompetenzfeld „Raum" beziehen sich die Beispiele vor allem auf Kompetenzen im Bereich der Orientierung in der eigenen näheren Umgebung und damit verbunden der Orientierung an Karten und Plänen.

Die größte Anzahl an Übungsbeispielen findet sich im Kompetenzfeld „Natur". Dort bietet die Auseinandersetzung mit dem eigenen Körper, mit der belebten

---

[1] Wenn in diesem Buch von Schüler gesprochen wird, ist auch immer die Schülerin gemeint. Ebenso verhält es sich mit Lehrer und Lehrerin.

und unbelebten Natur vielfältige Phänomene, die besonders gut experimentell und bewegt in Erfahrung gebracht werden können.

Schließlich eigenen sich im Kompetenzfeld „Technik" vor allem grundlegende statische und mechanische Probleme für eine bewegte Erschließung.

Literatur

- Beckmann, Heike, Janßen, Sabine & Probst, Andrea (2012). Bewegtes Lernen! Deutsch. Donauwörth: Auer Verlag.
- Benner, Dietrich (1996). Allgemeine Pädagogik. Weinheim, München: Juventa.
- Bruner, Jerome S. (2007). Über kognitive Entwicklung. IN: Jerome S. Bruner, Rose R. Olver & Patricia M. Greenfield (Hrsg.). Studien zur kognitiven Entwicklung. Stuttgart: Klett.
- Burk, Karlheinz, Speck-Hamdan, Angelika & Wedekind, Hartmut (Hrsg.) (2003). Kinder beteiligen – Demokratie lernen. Beiträge zur Reform der Grundschule. Frankfurt am Main: Grundschulverband.
- Groeben, Annemarie von der (2000). Am Kleinen das Große lernen. Erziehung zur Verantwortung und Demokratie. IN: Christian Büttner & Bernhard Meyer (Hrsg.). Lernprogramm Demokratie (S. 109–124). Weinheim und München: Juventa.
- Gesellschaft für Didaktik des Sachunterrichts (GDSU)(2002). Perspektivrahmen Sachunterricht. Bad Heilbrunn: Klinkhardt.
- Hildebrandt-Stramann, Reiner (2000). Bewegte Schulkultur: Schulentwicklung in Bewegung. Butzbach-Griedel : Afra-Verlag.
- Kahlert-Reby, Joachim/Miedzinski, Klaus (1988). Physik spüren. Bewegungserfahrungen mit einfachen Maschinen. IN: Grundschule 20 (1988), Heft 3, S. 30–33.
- Köhnlein, W alter (1986). Kinder auf dem Wege zum Verstehen. IN: Neue Sammlung, Heft 4, S. 465–479.
- Liebau, Eckart (2007). Leibliches Lernen. IN: Michael Göhlich, Christoph Wulf & Jörg Zirfas (Hrsg.). Pädagogische Theorien des Lernens. Weinheim und Basel: Beltz.
- Meier, Richard (1997). Im Sachunterricht der Grundschule Methoden entdecken, Methoden entwickeln, mit Methoden arbeiten. IN: Richard Meier, Henning Unglaube & Gabriele Faust-Siehl (Hrsg.). Sachunterricht in der Grundschule. Hannover: Beltz.
- Niedersächsisches Kultusministerium (Hrsg.) (2006). Kerncurriculum für die Grundschule. Jahrgänge 1–4. Sachunterricht. Hannover: Unidruck.

Hinweis:

Die Unterrichtseinheit zu den Beispielen 29–31 ist in Anlehnung an eine Beschreibung verfasst, die in dem Buch „Bewegte Schulkultur" (Hildebrandt-Stramann, 2000) ausführlich beschrieben ist.

Zum Aufbau

Der vorliegende Band bietet eine Sammlung von 50 Möglichkeiten, Methoden und Ideen, wie „Bewegtes Lernen" leicht und effektiv in den Unterricht integriert werden kann.

Die Beispiele sind anhand der grundlegenden Kompetenzbereiche des Sachunterrichts gegliedert. Die Bezeichnungen orientieren sich an den im niedersächsischen Kerncurriculum verwendeten Bezeichnungen, die in ähnlicher Weise auch in den Lehrplänen der anderen Bundesländer zu finden sind. Die Kompetenzbereiche sind: **Zeit und Geschichte, Gesellschaft und Politik, Raum, Natur, Technik.** Innerhalb dieser fünf Bereiche sind die Beispiele auf Klassenstufen bezogen und jeweils von der 1. bis zur 4. Klasse angeordnet. Teilweise wird darauf jedoch auch verzichtet, um Aufgaben aus demselben Themenbereich nacheinander aufzuführen. Weiterhin sind die Beispiele dem **Lernen *durch* Bewegung** und dem **Lernen *in* Bewegung** zugeordnet. Um thematisch zusammenhängende Beispiele nacheinander aufzuführen, sind die Beispiele jedoch nicht danach gegliedert. Die entsprechende Zuordnung ist in der Fußzeile vermerkt.

Alle Übungen sind vielseitig einsetzbar und können leicht an die spezifischen Bedürfnisse der Adressatengruppe angepasst werden.

Jede Übung nimmt eine Seite ein. Der Name der Bewegungsübung und die Jahrgangsstufe finden sich dabei direkt in der Kopfzeile.

Zur schnellen Orientierung sind immer **Ziel** (Was soll mit der Übung erreicht werden?), **Ort** (Welche räumlichen Voraussetzungen müssen gegeben sein?), **Sozialform** und das **Material,** das benötigt wird, aufgeführt.

Die Erläuterungen zur **Durchführung** werden zur besseren Handhabung knapp gehalten.

Zusätzlich können sich noch Hinweise – wenn notwendig –, eine **Variation** bzw. mehrere **Variationen** der Übungen oder anknüpfende **sachunterrichtliche Fragen/Aufgaben** finden.

Viele der Beispiele eignen sich auch hervorragend zur **Tages- oder Wochenplanarbeit.** Ob das der Fall ist, erkennen Sie leicht am Icon .

Einige der Beispiele verknüpfen außerdem sachunterrichtliche Themen und Bewegungsthemen des Sportunterrichts. Insofern sind diese Beispiele **fächerübergreifend** zu sehen.

Zum leichteren Wiederauffinden bestimmter Aufgaben sind im **Index** (S. 60) alle Übungen in alphabethischer Reihenfolge aufgelistet.

Ziel: Tageszeiten in den Tagesablauf einordnen
Ort: Klassenraum
Sozialform: Gruppenarbeit
Material: Sandsäckchen

Voraussetzung:

Die Bezeichnungen für bestimmte Tageszeiten werden zunächst in der Klasse erarbeitet. Dies kann beispielsweise mit dem Kennenlernen der Uhr und der Uhrzeiten verbunden werden. Dabei können auf einer analogen Uhrabbildung die Bezeichnungen bestimmten Uhrzeiten zugeordnet werden. Eingeführt werden die Bezeichnungen morgens, vormittags, mittags, nachmittags, abends und nachts. Ergänzt werden könnten die Zwischenzeiten frühmorgens, spätnachmittags und spätabends.

Durchführung:

Die Schüler bilden Kleingruppen (vier bis sechs Schüler) und stellen sich im Kreis auf. Das Sandsäckchen wird von einem zum anderen geworfen. Dabei sagt der Werfer eine Tageszeit, z. B. mittags, und der Fänger nennt die vorhergehende und nachfolgende Zeit, also vormittags und nachmittags.

Variation:

Die Fänger sagen die übernächste nachfolgende (oder vorhergehende) Tageszeit, z. B. mittags: abends (bzw. morgens).

Ziel: Tag- und Nachtrhythmus an Tätigkeiten erkennen und als zyklische Abfolge begreifen

Ort: Klassenraum

Sozialform: Klassenunterricht

Material: –

Voraussetzung:

Die Bezeichnung für verschiedene Tageszeiten (nachts, morgens, vormittags, mittags, nachmittags, abends) müssen bekannt sein.

Durchführung:

Zunächst werden im Zusammenhang mit der Erarbeitung der verschiedenen Tageszeiten typische Tätigkeiten gesammelt, die die Schüler zu diesen Zeiten ausüben. Danach werden vom Lehrer Tageszeiten genannt und die Kinder sollen eine für sie für diese Tageszeit typische Tätigkeit pantomimisch darstellen.

Welche sachunterrichtlichen Fragen knüpfen daran an?

- Wie können die verschiedenen Tätigkeiten kategorisiert werden (Arbeiten, Lernen, Spielen, Essen, Entspannen, Erholen, ...) und welche Funktionen haben die verschiedene Kategorien?
- Wie viel Zeit nehmen die verschiedenen Tätigkeiten ein?
- Können die Zeitumfänge beliebig verändert werden?

3 Tage hüpfen

Ziel: zyklische Abfolge der Wochentage bewegt lernen

Ort: Schulhof

Sozialform: Einzelarbeit/Gruppenarbeit

Material: Kreide

Vorbereitung:

Die Schüler malen mit Kreide auf dem Schulhof ein Hüpfekästchen in Form eines „T" auf. Der obere T-Strich besteht aus drei Kästchen, der senkrechte Strich besteht aus vier Kästchen. Die vertikalen Kästen werden von unten beginnend mit den Abkürzungen der Wochentage Montag (Mo), Dienstag (Di), Mittwoch (Mi) und Donnerstag (Do) beschriftet; die horizontalen Kästen werden von links mit den Abkürzungen der Wochentage Freitag (Fr), Sonntag (So) und Samstag (Sa) beschriftet.

Durchführung:

Die Kinder hüpfen auf einem Bein von Montag bis Donnerstag, dann mit beiden Füßen gegrätscht auf Freitag und Samstag und mit beiden Füßen geschlossen auf Sonntag. Dort drehen sie sich um und springen zurück zum Montag. Beim Hüpfen sagt entweder das Kind selbst oder die Gruppe, die zusammen an einem Hüpfekästchen springt, im Chor die Wochentage auf.

Variation:

Vom Sonntag ausgehend können die Wochentage rückwärts (Sa, Fr, Do, ...) gesprungen werden. Um die zeitliche Abfolge deutlich werden zu lassen („Donnerstag liegt von Freitag aus schon hinter mir."), sollten die Kinder dabei auch rückwärts hüpfen.

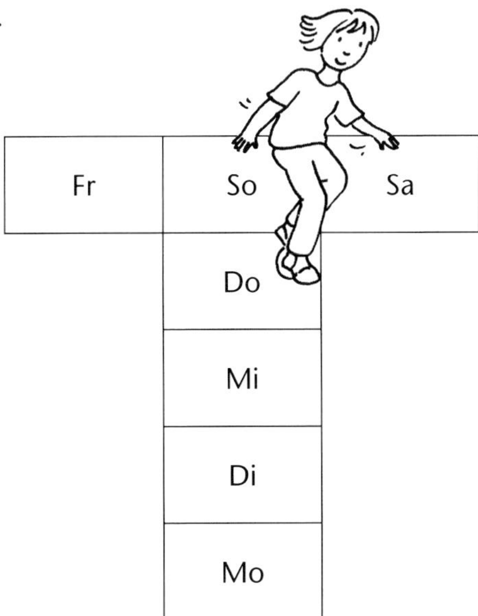

Ziel: lineare Zeitverläufe erfassen, Zeitbegriffe vertiefen
Ort: Klassenraum
Sozialform: Gruppenarbeit
Material: Kärtchen mit Zeitbegriffen

Voraussetzung:

Die Abfolge der Wochentage und die Zeitbegriffe vorgestern, gestern, heute, morgen und übermorgen müssen schon bekannt sein.

Vorbereitung:

Es werden Kärtchen mit Zeitbegriffen vorbereitet: vorgestern, gestern, heute, morgen, übermorgen. Die Wochentage werden in der richtigen Reihenfolge an die Tafel geschrieben.

Durchführung:

Jeder Schüler zieht ein Kärtchen mit einem der Zeitbegriffe. Ein Spielleiter (kann auch ein Schüler sein) sagt: „Gestern, heute, morgen – welcher Tag ist hinter dir verborgen? Heute ist Dienstag!" Die Schüler überlegen, welchen Wochentag ihr Zeitbegriff beschreibt, und stellen sich an der Stelle vor die Tafel.

Eine Kontrolle erfolgt durch gegenseitiges Vergleichen der Kärtchen. Anschließend werden die Kärtchen getauscht und ein neuer Tag wird genannt.

Variation:

In diesem Zusammenhang können auch die Begriffe „Werktage" und „Wochenendtage" eingeführt werden. Schüler, die bei der obigen Aufgabe einen Werktag darstellen, verdeutlichen dies durch eine „Arbeit" (z. B. auf der Stelle laufen oder bücken und strecken) – Schüler, die einen Wochenendtag darstellen, „erholen sich" (z. B. sich auf den Boden setzen).

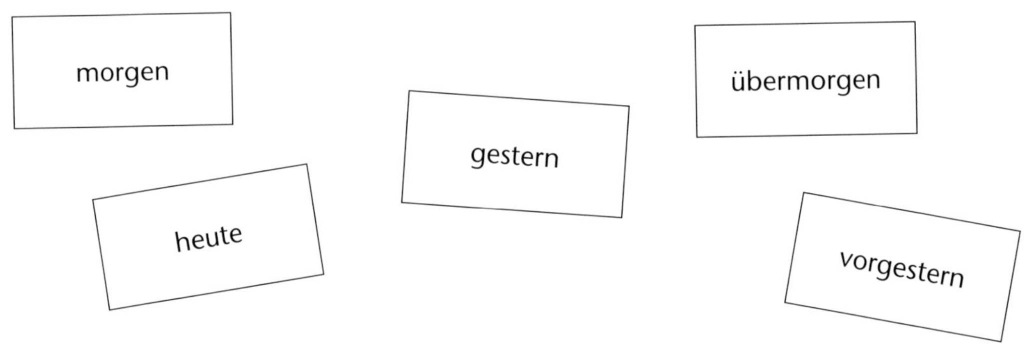

5 Sekundengehen

Ziel: Zeitspannen (Sekunden) als zyklisches Zeitmaß leiblich erfassen und einschätzen

Ort: Klassenraum oder Schulhof

Sozialform: Einzelarbeit
Gruppenarbeit für Variation a)
Partnerarbeit für Variation c)

Material: große Tischstoppuhr oder große Uhr mit Sekundenzeiger
mehrere Uhren für Variation c)

Durchführung:

Die Schüler stehen im Halbkreis vor einem Tisch mit einer großen Stoppuhr. Die Uhr wird gestartet und die Schüler „pendeln" im Sekundenrhythmus von einem Fuß auf den anderen und zählen die Sekunden leise mit. Dabei können Sie neben der Zeitspanne auch die Gleichmäßigkeit erfahren. In einem zweiten Durchgang versuchen die Schüler, zunächst wieder den gleichmäßigen Rhythmus aufzunehmen und dann z. B. nach 15 Sekunden die Augen zu schließen und sie nach weiteren 15 Sekunden wieder zu öffnen. Anhand der Stoppuhr können sie selbst bewerten, ob sie den Sekundentakt gehalten haben.

Ein weiterer Schritt kann dann sein, sich im Sekundentakt vorwärts durch den Raum zu bewegen und nach 30 oder 60 Sekunden stehen zu bleiben, wiederum mit selbstständiger Kontrolle der eigenen Einschätzung.

Variationen:

a) Der Start einer Zeitspanne (z. B. 30 oder 60 Sekunden) wird angesagt. Die Kinder „pendeln" am Platz. Dabei schließen sie am besten die Augen, um von den Mitschülern möglichst nicht abgelenkt zu werden. Jedes Kind, das der Meinung ist, dass die Zeit vorüber ist, fängt an, durch den Raum zu gehen. Weitere Kinder, die losgehen, schließen sich den ersten an, sodass eine Schlange gebildet wird. Damit hat der Lehrer einen besseren Überblick, wer zuerst losgeht und nach wie vielen Sekunden das etwa der Fall war.

b) Das Zeitschätzen kann auf dem Schulhof auch im Laufen erfolgen. Dabei laufen die Schüler vorgegebene Zeitspannen und bleiben stehen, wenn die Zeit um ist.

c) Die letzte Aufgabe kann auch partnerweise durchgeführt werden. Jedes Paar benötigt eine Uhr mit Sekundenangabe. Ein Partner gibt eine Zeitspanne vor und startet, der andere Partner läuft und schätzt die Zeit.

Variation c) ist gut für die Wochenplanarbeit geeignet.

6 Zeitspannen füllen

Ziel: größere Zeitspannen (Minuten) bewusst wahrnehmen

Ort: Klassenraum oder Schulhof

Sozialform: Gruppenarbeit

Material: je nach ausgewählten Tätigkeiten

Durchführung:

Im Gegensatz zu den überschaubaren Sekunden bis zu einer Minute sind längere Zeitspannen bis zu einer halben oder ganzen Stunde für Kinder schwer vorstellbar. Hier bietet es sich an, erst einmal mit etwas kleineren Minuten-Zeitspannen (5 bis 15 Minuten) zu beginnen und diese mit verschiedenen Tätigkeiten zu veranschaulichen. Dabei sollen gleiche Zeitspannen mit unterschiedlichen Inhalten gefüllt werden, sodass auch der Zusammenhang zwischen Tätigkeit, Anstrengung, Motivation und Zeitwahrnehmung erkannt werden kann.

Beispiele:

5 Minuten:
- einen Sachtext abschreiben
- mit einem Igelball massieren/massiert werden
- auf der Stelle hüpfen oder Seilspringen

10 Minuten:
- einen kurzen Sachtext lesen und einem Partner erklären
- (liegend) mit geschlossenen Augen einer Fantasiegeschichte lauschen
- ein Hüpfekästchen-Spiel in einer Kleingruppe spielen

15 Minuten:
- einen längeren Sachtext lesen und Fragen beantworten
- in einer Kleingruppe ein Spiel (z. B. Fangspiel) entwickeln

Ziel: Jahreszeiten/Jahreskreis als zyklische Zeitfolge bewegt erfassen
Ort: Schulhof
Sozialform: Gruppenarbeit
Material: Kreide

Vorbereitung:

Hüpfekästchen werden von Kleingruppen auf dem Schulhof aufgezeichnet und mit Monatsnamen beschriftet. Die Anordnung der Kästchen erfolgt dabei in einem Kreis, der in 12 Felder unterteilt ist. Jeweils drei Felder werden durch längere Striche optisch gebündelt. Diese bilden die vier metereologischen Jahreszeiten (Dezember, Januar, Februar = Winter usw.) ab! Durch die Kreisanordnung wird der wiederkehrende Ablauf deutlich. Außerdem wird die Linie zwischen Dezember und Januar verlängert und mit „Neujahr" beschriftet, um so den kalendarischen Jahreswechsel an dieser Stelle deutlich zu machen.

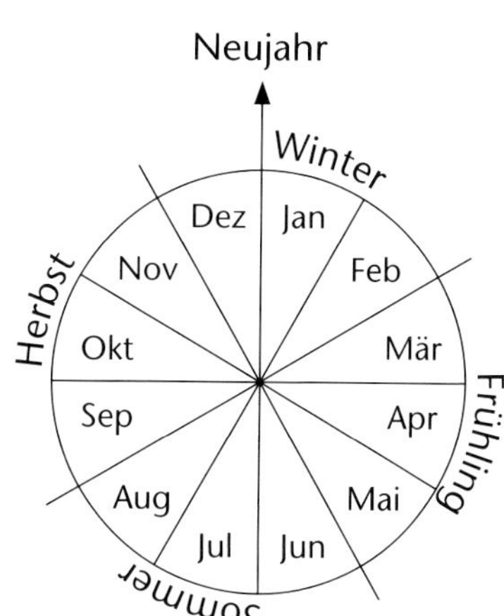

Durchführung:

Die Kinder beginnen an beliebiger Stelle und versuchen, einen Jahreszyklus ohne Unterbrechung zu hüpfen. Dabei sagen sie selbst oder die Gruppe im Chor die Monatsnamen auf.

Variationen:

a) Der Lehrer oder die Gruppe nennen eine Jahreszeit und das hüpfende Kind springt in eines der passenden Kästchen (z. B. Winter: Dezember, Januar oder Februar).

b) Der Lehrer nennt besondere Feiertage (Weihnachten, Ostern, Geburtstag) und das hüpfende Kind springt in den entsprechenden Monat (bei Ostern: März und April).

Welche sachunterrichtlichen Fragen knüpfen daran an?

- Wodurch sind die Jahreszeiten gekennzeichnet: Pflanzenwachstum, Temperatur, Wetter, Tag-Nacht-Verlauf?
- Welche Auswirkungen haben die Jahreszeiten auf mein Leben?

8 Stammbaum

Ziel: lineare Zeitverläufe in größeren Zeiträumen erfassen
Ort: Schulhof
Sozialform: Gruppenarbeit
Material: farbige Kärtchen mit Verwandtschaftsbeziehungen

Vorbereitung:

Es werden Namenskärtchen mit verschiedenen Verwandtschaftsbeziehungen vorbereitet: Vater, Mutter, Tochter, Sohn, Großmutter, Großvater, Urgroßmutter, Urgroßvater, Tante, Onkel. Dabei werden durch jeweils eine andere Farbe mehrere „Familien“ gebildet.

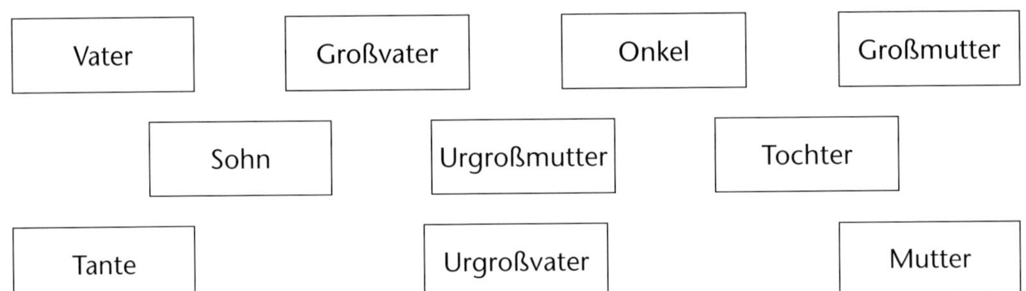

Durchführung:

Die Schüler ziehen zunächst eine Karte, suchen dann anhand der Farben ihre Familie und stellen sich in ihrer Familie ausgehend von Tochter/Sohn hinter- und nebeneinander auf. Die Familienstammbäume können mehr oder weniger komplex sein.

Sie können von zwei Elternteilen zeitlich zurückgehen:

		Großvater	Urgroßmutter
			Urgroßvater
	(Tante, Onkel)		Urgroßvater
	Mutter	Großmutter	Urgroßmutter
Sohn			
Tochter			
	Vater	Großvater	Urgroßvater
	(Tante, Onkel)		Urgroßmutter
			Urgroßmutter
		Großmutter	Urgroßvater

oder auch nach der Elternebene nur eine Linie weiterverfolgen.

Ziel: lineare Zeitverläufe auf die eigene Lebensgeschichte beziehen
Ort: Schulhof
Sozialform: Einzelarbeit/Gruppenarbeit
Material: farbige Kreide, Hütchen oder andere Markierung

Voraussetzungen:

Die Schüler haben das Grundschema eines Stammbaumes (siehe zum Beispiel *8 Stammbaum*) kennengelernt.

Durchführung:

Anhand eines Stammbaum-Grundschemas recherchieren die Schüler zunächst innerhalb ihrer Familie die Geburtsjahre der Eltern und Großeltern sowie ggf. der eigenen Geschwister und tragen die Jahreszahlen in ein Arbeitsblatt (Stammbaum mit drei Ebenen) ein. Dieses Schema soll dann in eine lineare Darstellung übertragen werden. Dazu wird zunächst das älteste Familienmitglied anhand des Geburtsjahrgangs ermittelt. Dieses Jahr und das eigene Geburtsjahr werden auf dem Blatt farbig markiert und die dazwischenliegenden Jahre errechnet.

Anhand dieser Zahl (z. B. „Meine Großmutter väterlicherseits ist das älteste Familienmitglied. Sie ist 58 Jahre älter als ich.") soll nun jedes Kind auf dem Schulhof mit Kreide eine persönliche Familien-Zeitleiste gestalten. Dazu malen mehrere Schüler nebeneinander ihre Leisten auf, um die Informationen anschließend vergleichen und interpretieren zu können. Für alle nebeneinanderstehenden Kinder wird eine Linie gezogen, die das aktuelle Kalenderjahr darstellt. Mit Fußlängen (eine Fußlänge = ein Kalenderjahr) bestimmt nun jedes Kind in Rückwärtsrichtung das eigene Geburtsjahr und markiert diesen Punkt mit einem Hütchen. Von dort wird der vorher errechnete Unterschied zum ältesten Familienmitglied ebenfalls mit Fußlängen rückwärts abgemessen, mit einem Hütchen markiert und das Geburtsjahr wird danebengeschrieben. Anhand dieser Linie werden dann die Geburtsjahre aller weiteren Familienmitglieder berechnet, mit Fußlängen abgemessen und die Punkte mit Jahreszahlen beschriftet. Die Beschriftungen werden entsprechend der drei Stammbaumebenen in drei Farben vorgenommen, z. B. rot = Großelternebene, blau = Elternebene, grün = Kinderebene.

Anhand des linearen Stammbaumes kann zunächst jeder Schüler seinen eigenen Stammbaum betrachten und Altersunterschiede, Generationsspannen und mögliche Überschneidungen aus einer räumlichen Perspektive sowie beim Vergleich mit danebenliegenden Stammbäumen auch Unterschiede erkennen.

Welche sachunterrichtlichen Fragen knüpfen daran an?

- Was ist eine Generation?
- In welcher Altersspanne bekommt man Kinder?

Ziel: schulische Lebensbedingungen früher und heute vergleichen
Ort: Klassenraum
Sozialform: Einzelarbeit, Gruppenarbeit und Klassenunterricht
Material: –

Durchführung:

Die Schüler erhalten die Aufgabe, die Großeltern hinsichtlich deren Erinnerungen an die eigene (Grund-)Schulzeit zu befragen.

Mögliche Fragen:

- Wie viele Unterrichtsstunden habt ihr gehabt?
- Welche Fächer gab es?
- Wie war die Sitzordnung in der Klasse?
- Wie viele Schüler gab es in der Klasse?
- Was geschah, wenn der Lehrer in die Klasse kam?
- Wie war der Unterricht gestaltet (Frontalunterricht, Einzelarbeit, Partner-/ Gruppenarbeit)?
- Welche Strafen gab es für falsches Verhalten?

Die Ergebnisse der Befragung werden in der Klasse zusammengetragen. Anschließend werden in Kleingruppen „Drehbücher" für eine Unterrichtsstunde verfasst. Die Drehbücher geben zunächst Regieanweisungen für die Sitzordnung und beginnen dann mit dem Eintreten des Lehrers und der Begrüßung. Danach können die Kontrolle der Hausaufgaben, das Wiederholen eines Themas usw. auftauchen.

Anhand dieser Drehbücher sollen dann Stunden mit der gesamten Klasse gespielt werden. Dabei muss zeitlich nicht eine volle Stunde gefüllt werden, sondern es geht jeweils um typische Situationen.

Ziel: Lebensbedingungen früher und heute vergleichen
Ort: Klassenraum oder Schulhof
Sozialform: Einzelarbeit, Gruppenarbeit und Klassenunterricht
Material: –

Durchführung:

Die Schüler erhalten die Aufgabe, die Eltern und Großeltern (ggf. auch Urgroßeltern) hinsichtlich der Gestaltung von Kindergeburtstagen zu befragen und die Ergebnisse zu notieren.

Mögliche Fragen:

- Wurde der Geburtstag gefeiert?
- Durftest du Freunde zu deinem Geburtstag einladen?
- Wie lief die Geburtstagsfeier insgesamt ab?
- Was habt ihr gemacht?
- Welche Spiele habt ihr gespielt?

In der Klasse werden dann die Rahmenbedingungen der Geburtstagsfeiern in den verschiedenen Generationen zusammengetragen und mit den eigenen Erfahrungen verglichen. Anschließend werden in Kleingruppen typische Spiele, die bei den Geburtstagsfeiern gespielt wurden, beschrieben. Jede Gruppe bekommt dazu die Vorgabe, z.B. drei bis vier Spiele, möglichst aus verschiedenen Generationen, auszuwählen. Danach kann jede Gruppe ein Spiel vorstellen, das dann mit der Klasse gespielt wird.

Fortführung:

Die Befragung kann auch auf die typischen Kinderspiele, an die sich Eltern und Großeltern erinnern, ausgeweitet werden. Auch hier werden wieder beispielhaft Spiele gespielt und die Rahmenbedingungen der Freizeitgestaltung früher mit den eigenen Gewohnheiten sowie den eigenen Spielen verglichen.

Welche sachunterrichtlichen Aufgaben knüpfen daran an?

Besonders interessant werden diese Aufgaben dann, wenn in der Klasse Kinder verschiedener Nationalität sind. In diesem Fall können neben der zeitgeschichtlichen Perspektive die gesellschaftlichen Rahmenbedingungen in unterschiedlichen Ländern verglichen werden.

Ziel: Pluralität von Familienkonstellationen erkennen

Ort: Klassenraum, Schulhof

Sozialform: Einzel- und Gruppenarbeit

Material: –

Voraussetzungen:

Die Schüler haben das Grundschema eines Stammbaumes (siehe zum Beispiel *8 Stammbaum* oder 9 *Mein Stammbaum*) kennengelernt.

Durchführung:

Die Schüler schreiben ihre persönliche Familienkonstellation auf, indem sie die Namen der Personen und die Familienbeziehung festhalten. Als Familie werden die Personen angesehen, mit denen die Schüler dauerhaft oder zeitweilig zusammenleben. Insofern könnte es für ein Kind in einer Patchwork-Konstellation beispielsweise neben den leiblichen Eltern und Geschwistern auch Stiefeltern und Stiefgeschwister oder Pflegeeltern geben. Wenn die Kinder mit Großeltern zusammenleben, sollen auch diese aufgeführt werden. Schließlich beziffern die Schüler die Anzahl der Erwachsenen und der Kinder in ihrer Familie (z. B. 2/1: Mutter, Vater – Tochter oder 3/5: Mutter, Vater, Stiefvater – Tochter, Bruder, Schwester, Stiefschwester, Stiefschwester).

Danach wird ein Laufspiel gespielt, bei dem sich jeweils bestimmte Konstellationen zusammenfinden sollen. Gespielt wird so, dass immer ein Kind seine bezifferte Familienkonstellation ruft und die Mitschüler sich dementsprechend in Gruppen zusammenfinden. Die erstgenannte Zahl steht für die Erwachsenen, d. h. diese Anzahl Kinder bleibt stehen, die zweite Zahl steht für die Kinder, die sich in der Gruppe hinhocken. Beispiel: Ein Kind ruft wie oben beschrieben 3/5, dann finden sich acht Kinder zusammen, von denen drei stehen und fünf hocken. Das Kind erläutert daraufhin seine Familienkonstellation.

Ziel: siehe die unten genannten Teilziele
Ort: vielfältig
Sozialform: vielfältig
Material: vielfältig

Vorbemerkungen:

Das im Folgenden skizzierte Projekt ist immer als Gesamtprojekt der Schule zu sehen, in das einzelne Klassen oder Projektgruppen involviert sind. Ein solches Vorhaben kann nur als fächerübergreifendes Projekt gelingen, wobei der Sachunterricht federführend ist, und erstreckt sich in der Regel über einen längeren Zeitraum – untergliedert in einzelne Projektphasen, die jeweils für sich genommen auch mit Teilzielen verbunden sind:

1. die Schüler artikulieren ihre Vorstellungen über einen Schulhof als Bewegungs- und Begegnungsraum
2. die Schüler können einen Fragebogen rechnerisch auswerten (Häufigkeiten von Antworten ermitteln)
3. die Schüler entwickeln kreative Ideen zu einem für sie wichtigen Lebensraum
4. die Schüler können diese Ideen zeichnerisch oder werkmäßig umsetzen
5. die Schüler können sich auf ein Gesamtmodell einigen
6. die Schüler können einen Umsetzungsplan entwickeln
7. die Schüler können Modell und Umsetzungsplan vorstellen und begründen
8. die Schüler, Lehrer und Eltern sind an der Umsetzung der Teilprojekte beteiligt
9. die Schüler können fertiggestellte Teilprojekte/ das Gesamtprojekt vorstellen

Entsprechend diesen Zielsetzungen kann es sich beispielhaft um folgende Projektphasen handeln:

1. Schülerbefragung über ihre Wunschvorstellungen zu einem Schulhof als Bewegungs- und Begegnungsraum
2. Auswertung der Schülerbefragung (Lehrer und Schüler)
3. Entwicklung von gemalten und/oder gebauten Schulhofmodellen
4. Entwicklung eines Gesamtmodells (ein Modell könnte folgende Beispiele beinhalten): Sandbereich, Kletterbereich, Schaukelbereich, Boulderwand, Bolzplatz, Basketball-/Tischtennisbereich, Bauwagen (in dem Materialien der Bewegungsbaustelle und andere Bewegungsgeräte deponiert sind), Ruhebereich mit Sitzgelegenheiten, Fußfühlparcours, Schulgarten, naturbelassenen Bereich (z. B. mit bekletterbaren Bäumen)
5. Entwicklung eines Umsetzungsplans in Teilprojekte inklusive eines Zeitplans
6. Umsetzung der Teilprojekte
7. Vorstellung der einzelnen fertiggestellten Teilprojekte bzw. des Gesamtprojekts

Hinweis:

Ein Teilprojekt wird im folgenden Beispiel beschrieben.

Ziel: a) sich über die Zusammensetzung des Inhalts einer Pausenkiste absprechen
b) sich über die Nutzung der Geräte, vor allem aber über die Organisation der Geräteausleihe einigen

Ort: Klassenraum, Pausenhof

Sozialform: Einzel- und Gruppenarbeit, Klassenunterricht

Material: Pausenspielgeräte, DIN-A3-/DIN-A2-Bögen (Regelplakat)

Vorbemerkung:

Die Pausenspielkiste beinhaltet verschiedene Bewegungsgeräte, die die Schüler bzw. die Eltern der Schüler der Schule/der Schulklasse stiften. Prinzipiell ist es möglich, dass jede Schulklasse eine eigene Pausenspielkiste hat. Häufig trifft man jedoch auch auf Pausenspielkisten, die der gesamten Schule zur Verfügung stehen.

Themen der einzelnen Stunden des Unterrichtsprojekts:

- 1. Stunde:
  Die Schüler entwickeln Vorschläge über den Inhalt der Pausenkiste und verabreden, wer welche Bewegungsgeräte mit in die Schule bringt.
- 2. Stunde:
  Die Schüler erproben die Bewegungsgeräte auf dem dafür vorgesehenen Schulhofbereich.
- 3. Stunde:
  Die Schüler entwickeln Regeln/Verhaltensmaßnahmen für die Geräteausleihe, z.B.:
  - Bewegungsgeräte können nur in großen Pausen ausgeliehen werden.
  - In jeder Pause sind zwei bis drei Schüler für die Ausleihe zuständig.
  - Es wird für jeden Tag eine Ausleihliste erstellt, in die der Ausleiher und die Bewegungsgeräte eingetragen werden sollen.
  - Bei der Rückgabe wird die Eintragung gestrichen.
  - Es wird vereinbart, diese Regelung eine Woche lang zu erproben.
- 4. Stunde:
  Nach der Probewoche werden die Erfahrungen kritisch reflektiert und eine endgültige Ausleihordnung erstellt.
- 5. Stunde:
  Die Schüler verpflichten sich, in dieser Woche alle Bewegungsgeräte unter Pausenbedingungen zu erproben und am Ende der Woche über deren Einsatz zu berichten.
- 6. Stunde:
  Nach Rücksprache mit dem Sportlehrer erhalten die Schüler auch im Sportunterricht die Möglichkeit, diese Geräte auf dem Schulhof zu testen.

Ziel: sich in die Interessen eines anderen hineinversetzen und diese vertreten können
Ort: Klassenraum und Sporthalle
Sozialform: Partnerarbeit/Kleingruppenarbeit, Klassenunterricht
Material: abhängig von ausgewähltem Thema

Vorbereitung:

Der (Sport-)Lehrer erstellt eine Liste mit Bewegungsthemen aus verschiedenen Bewegungsfeldern.

Durchführung:

Die Schüler werden aufgefordert, sich einen Partner aus dem jeweils anderen Geschlecht zu suchen. Bei ungleicher Verteilung von Jungen und Mädchen in der Klasse können z. B. auch Dreiergruppen gebildet werden.

Die Aufgabe der Schüler besteht zunächst darin, zu überlegen, welches Thema der Liste mit Bewegungsthemen das Lieblingsthema der Partnerin/des Partners sein könnte. Danach tauschen die Paare sich über ihre jeweiligen Vermutungen aus und notieren dann das tatsächliche Wunschthema des Partners.

Es folgt eine Abstimmung mit Festlegung einer Reihenfolge der Wunschthemen. Für die beiden meistgewählten Themen sollen dann die Schüler, die das Thema stellvertretend vorgeschlagen haben, argumentieren, um für die anschließende Stichwahl die anderen Mitschüler zu überzeugen.

Das auf diese Weise meistgewählte Thema wird dann in einer Sportstunde auch tatsächlich durchgeführt.

Hinweis:

Die Übung muss fächerübergreifend in Absprache zwischen dem Sachunterrichtslehrer und dem Sportlehrer geplant werden.

Ziel: eigene Bedürfnisse und Gefühle formulieren und sich in die Bedürfnisse, Gefühle und Interessen anderer hineinversetzen (Gerechtigkeitsbewusstsein und Empathiefähigkeit ausbilden)

Ort: Sporthalle, Klassenraum

Sozialform: Gruppenarbeit, Klassengespräch

Material: Fragebogen (Kopiervorlage)

Vorbereitung:

Der Lehrer kopiert den Fragebogen für die zweite Stunde.

Durchführung:

Die Übung wird in drei Stunden durchgeführt.

Im Sportunterricht fordert der Lehrer die Schüler auf, für ein Handball- oder Fußballspiel (je nachdem, was in der Klasse schon bekannt ist), vier Mannschaften zu bilden. Dazu sollen sie die Mannschaften wählen. Die weitere Organisation überlässt der Lehrer der Klasse. Die übliche Situation, die sich daraus ergibt, ist, dass dominante Schüler das Wählen übernehmen, die vermeintlich stärksten Spieler zuerst vergeben sind und die schwächsten bis zum Schluss übrig bleiben. Daraufhin wird das Spiel nach dem Modus „Jeder gegen jeden" gespielt. Der Lehrer kommentiert das Spiel bzw. die Wahl nicht, sondern verweist auf die nächste Sachunterrichtsstunde, in der das Wählen von Mannschaften besprochen werden soll.

In der Sachunterrichtsstunde verteilt der Lehrer einen Fragebogen (siehe Kopiervorlage), den die Schüler vor dem Hintergrund der Mannschaftswahl im Sportunterricht beantworten sollen. Auf der Grundlage der ausgewerteten Fragebögen kommt es dann zu einem Gespräch, das der Lehrer mit der Frage einleiten kann, ob die Schüler erahnen, weshalb er ein Problem mit dem Wählen hat. Zu erwartende Schüleräußerungen: „Manche Kinder sind traurig, weil sie immer als Letzte gewählt werden und dann denken, dass sie niemand in der Mannschaft haben will.", aber auch: „Es ist logisch, dass man die Besten zuerst wählt. Jeder will doch gewinnen."
Der Lehrer notiert beide Problemsichten an der Tafel:

1. Gerechte Verteilung der guten Spieler auf die Mannschaften
2. Bewahren der zuletzt Gewählten vor einer Bloßstellung

Er stellt den Schülern eine Aufgabe: Wie kann man Mannschaften bilden, sodass alle zufrieden sind und niemand sich zurückgesetzt fühlt? Seht ihr Lösungen?

Das (oder die) in der Klasse abgestimmte(n) Verfahren wird (werden) dann in der folgenden Sportstunde inkl. des Spiels erprobt.

Hinweis:

Die Übung muss fächerübergreifend in Absprache zwischen dem Sachunterrichtslehrer und dem Sportlehrer geplant werden.

Gib deine ehrliche Meinung an.

1. Während des Wählens fühle ich mich so wie immer.
   - ☐ stimmt
   - ☐ stimmt nicht

2. Während des Wählens fühle ich mich unwohl und nervös.
   - ☐ stimmt
   - ☐ stimmt nicht

3. Ich weiß gar nicht, wie ich mich während des Wählens fühle.
   - ☐ stimmt
   - ☐ stimmt nicht

4. Ich kann mir vorstellen, wie einem zumute ist, der oft als Letzter gewählt wird.

   - ☐ Ihm ist wie immer.
   - ☐ Es geht ihm gut.
   - ☐ Er fühlt sich schlecht.

5. Wie wird sich ein Kind fühlen, das oft oder sogar immer als Letztes gewählt wird? Schreibe Deine Meinung auf.

   ____

   ____

   ____

   ____

Ziel: Gerechtigkeitsbewusstsein in Verteilungssituationen entwickeln
Ort: Sporthalle und Klassenraum
Sozialform: Gruppenarbeit
Material: Bälle

Vorbemerkungen:

Kinder ändern ihr Verständnis von Verteilungsgerechtigkeit im Zuge ihrer Entwicklung. Sie durchlaufen verschiedene Niveaus, in denen sie Verteilungen nach unterschiedlichen Modi vornehmen: Das erste Niveau ist weitgehend durch egoistische Wünsche der Kinder bestimmt (Selbstinteresse), das zweite Niveau orientiert am Grundsatz strikter Gleichverteilung (Gleichverteilung) und das dritte Niveau orientiert an situativen Umständen, individueller Lage und Bedürftigkeit (Billigkeit).

Durchführung:

Im Sportunterricht sollen sich – ohne Vorgabe vom Lehrer – zwei Mannschaften zum Spiel „Ball über die Schnur" bilden. Es werden sich Freundesgruppen, Jungen und Mädchen usw. zusammentun und häufig wird es auch Schüler geben, die ziellos umherlaufen. Möglicherweise führt die Aufgabenstellung zu einem Konflikt (Dominanz des Selbstinteresses). Durch die unmittelbare Konfrontation mit den sichtbar gebildeten Gruppen können die Kinder einen sachlichen Bezug der Gruppengrößen zum Spiel herstellen und die Ungleichverteilung (evtl. auch durch mehr als zwei gebildete Gruppen) wahrnehmen. In einem Gespräch werden die inneren Spannungen bei den Schülern thematisiert, die sich aus dem Bedürfnis, auf Seiten der Mehrheit oder mit Freunden zu spielen, und dem Bedürfnis, nicht benachteiligt zu werden, ergeben. Das Gespräch muss sich vom Selbstbezug zum Sachbezug bewegen, indem die Frage der Gleichverteilung im Vordergrund steht. Das Ergebnis können z. B. Mannschaften mit der gleichen Anzahl von Spielern, von Jungen und Mädchen in jeder Mannschaft, mit der gleichen Anzahl von Guten und schwachen Schülern in jeder Mannschaft usw. sein (Prinzip der Gleichverteilung).

Anschließend werden verschiedene Lösungen in Spielen erprobt. Dabei wird es sicherlich Spiele geben, die trotz gleicher Verteilung keine Chancengleichheit aufweisen, weil die spielstarken Schüler ungleich verteilt sind oder weil die Bedürfnisse unterschiedlich sind. Beides muss in einem weiteren Gespräch, evtl. besser im Klassenraum, geklärt werden. Je nach situativem Umstand und/oder individueller Bedürftigkeit können dann Mannschaftsbildungen entstehen, in denen z. B. auf einer Seite nur drei spielstarke Schüler gegen fünf weniger starke Schüler „Ball über die Schnur" nach Punkten spielen. Es könnten sich auch zwei Mannschaften bilden, deren Spieler das Spiel weniger unter dem gegenseitigen Überbietungsgedanken spielen wollen, sondern das Bedürfnis haben, den Ball so oft wie möglich über die Schnur zu spielen, ohne dass er auf der Seite des Gegners auf den Boden fällt.

Ziel: Bedeutung der Perspektive für die Wahrnehmung des Raumes erkennen

Ort: Klassenraum

Sozialform: Kleingruppenarbeit und Klassenunterricht

Material: Papier und Stift

Durchführung:

Als Vorbereitung der Gruppenaufgabe stellt sich zunächst die ganze Klasse auf eine Seite des Klassenraums. Alle Schüler blicken auf die gegenüberliegende Wand und sollen sagen, welche Gegenstände/Dinge dort zu sehen sind (z. B. Fenster, Blumentopf, Vorhänge, Heizkörper). Anschließend werden Kleingruppen gebildet, die jeweils von jeder Wand des Klassenraums ausgehend die gegenüberliegende Wand in den Blick nehmen und notieren, was sie dort sehen. Im Klassenverbund liest dann immer eine Gruppe eine Beschreibung vor und die anderen Schüler sollen sich an die Wand stellen, von der aus diese Gegenstände gegenüberliegend zu sehen sind.

Variation:

Alle Schüler stellen sich vor den Wänden wie in einem großen Viereck im Klassenraum mit Blick zur Raummitte auf und schließen die Augen. Der Lehrer liest dann eine Wandbeschreibung vor und jeder Schüler dreht sich so von seinem Standpunkt aus, dass er auf die beschriebene Wand blickt. Wird die eigene Wand beschrieben, muss eine halbe Drehung erfolgen.

Hinweis:

Geklärt werden muss vorher, welche Dinge als zu einer Wand zugehörig beschrieben werden sollen, z. B. nur die, die direkten Kontakt mit der Wand haben. Tische und Stühle, die ohne Kontakt davor stehen, gehören dann nicht dazu.

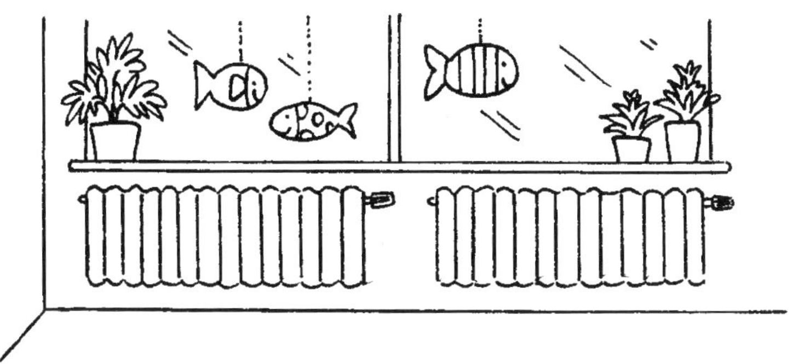

19 Räume kartographieren

Ziel: sich den engeren Lebensraum bewegend erschließen
Ort: Klassenraum, Pausenhalle, Sporthalle und Schulhof
Sozialform: Kleingruppenarbeit
Material: Papier und Stift

Durchführung:

Anhand des Beispiels einer einfachen Grundrisszeichnung mit Draufsicht-Perspektive wird den Schülern das Prinzip des Grundrisses erklärt. Zur Veranschaulichung zeichnen die Kinder auf einem Blatt eine Skizze von ihrem Klassenraum, dem Schulhof und der Sporthalle.

Die Schüler erhalten dann in Kleingruppen (zwei bis drei Schüler) die Aufgabe, Form und Ausmaße verschiedener Räume zu erschließen, indem sie an den Außenseiten/Wänden entlanggehen und dabei erstens zählen, wie viele Ecken der Raum hat, und zweitens mit Schritten oder Fußlängen messen, wie lang die einzelnen Seiten sind. Mit den erforschten Daten sollen sie dann eine einfache Grundrisszeichnung anfertigen. In die Skizzen können anschließend noch feste Raummerkale (Fenster, Türen) maßstabgerecht eingetragen werden.

Die Aufgaben werden mit verschiedenen Räumen (Klassenraum, Pausenhalle, Flur, Sporthalle, Schulhof) durchgeführt. Für jeden Raum wird ein eigenes Blatt angefertigt.

Nachdem alle Räume in dieser Weise kartographiert sind, erstellt jeder Schüler eine zweite Gesamtkarte auf einem Blatt. Die Karten können anschließend in der Gruppe, mit den eigenen ersten Karten und in der gesamten Klasse verglichen werden.

Hinweis:

Der Schulhof und auch andere Räume sollten in diese Aufgabe nur einbezogen werden, wenn sie nicht zu unübersichtlich, d.h. zu verwinkelt, sind. Die Zeichnungen sollten sich auf die Umrisse beschränken.

Nachdem Skizzen für den Klassenraum angefertigt und besprochen wurden, eignet sich das Kartographieren anderer Räume gut für die Wochenplanarbeit.

Ziel: sich in der eigenen Umgebung orientieren können
Ort: Klassenraum, Pausenhalle, Sporthalle oder Schulhof
Sozialform: Kleingruppenarbeit
Material: selbst angefertigte Karten, nummerierte Zettel

Durchführung:

In selbst erstellte Raum-Karten (siehe *19 Räume kartographieren*) werden wenige markante Punkte (die der Lehrer benennt) eingetragen, z. B. im Klassenraum: Tafel, Waschbecken, Tür. Jede Kleingruppe bekommt einen kleinen Zettel mit einer eigenen Nummer oder einem eigenen Symbol. Je zwei Kleingruppen finden sich zusammen, die jeweils, ohne von der anderen Gruppe gesehen zu werden, ihren nummerierten Zettel versteckt/ablegt und diese Stelle in der eigenen Karte markiert. Danach werden die Karten getauscht und jede Gruppe versucht anhand der Karte, den Zettel der anderen Gruppe zu finden.

Hinweise:

Um das Orientieren an Karten zu üben, können zunächst alle eine vom Lehrer angefertigte und mit Posten markierte Karte verwenden.

In größeren Räumen (Schulhof, Sporthalle) kann jede Gruppe auch mehrere Zettel oder andere Gegenstände (z.B. Absperrband) ablegen.

Die Aufgabe eignet sich als Partneraufgabe auch für den Wochenplan.

Ziel: sich an einfachen Karten in der Schulumgebung orientieren

Ort: Schulumgebung

Sozialform: Klassenunterricht
Kleingruppenarbeit für Variation

Material: Stadtplan oder Kartenausschnitt ohne Straßennamen (z. B. aus Internet)

Durchführung:

Je zwei Schüler bekommen einen Kartenausschnitt, auf dem die Ausgangsposition (z. B. Schule/Schulhof) eingetragen ist. Der Lehrer schlägt dann einen Weg ein und bleibt an verschiedenen Stellen stehen. Die Schüler tragen die Stopps in ihrer Karte ein. Die Route sollte wieder am Startpunkt enden.

Variation:

Wenn die Route gefahrlos von den Schülern in Kleingruppen bewältigt werden kann, können zwei Gruppen in entgegengesetzte Richtung losgeschickt werden und jeweils mit Kreide ein selbstgewähltes Zeichen auf den Bürgersteig malen und die Stelle in der Karte markieren. Nach Rückkehr zur Schule tauschen die Gruppen ihre Karten und suchen das Zeichen der anderen Gruppe.

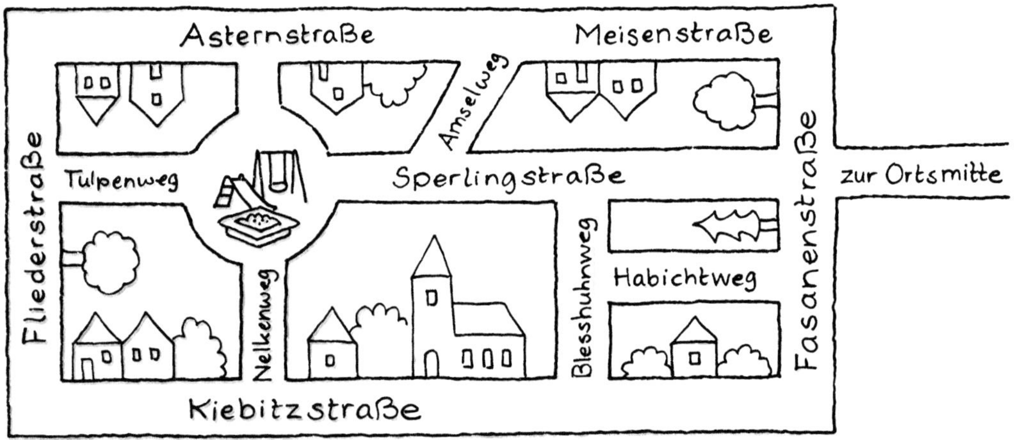

Ziel: Verkehrszeichen kennenlernen und verstehen
Ort: Klassenraum, Schulweg
Sozialform: Einzel- oder Partnerarbeit
Material: Papier und Stift, Plakat mit Verkehrsschildern

Vorbereitung:

In der Klasse werden einige grundsätzliche Merkmale für Verkehrsschilder beschrieben: Dreieckige Schilder mit rotem Rand = Achtung; runde Schilder mit rotem Rand = Verbot; blaue Schilder = Hinweise.

Durchführung:

Die Schüler bekommen die Aufgabe, alle Verkehrsschilder, die sie auf ihrem Schulweg finden, abzuzeichnen und auf einem in der Klasse aushängenden Plakat mit Verkehrsschildern zu suchen. Kinder, die den gleichen Schulweg haben, sollten dabei zusammenarbeiten. Anschließend werden die von den Kindern auf ihrem Schulweg gefundenen Schilder in ihrer konkreten Bedeutung besprochen und die Kinder erhalten die weiterführende Aufgabe, auf ihrem nächsten Schulweg diese Bedeutung nochmals für die jeweilige konkrete Situation zu prüfen. Weiterhin soll jeder Schüler ein Schild und die dazugehörige Verkehrssituationen (z. B. Straßenkreuzung) beschreiben.

Ziel: Verkehrsregeln in einem geschützten Raum beachten
Ort: Klassenraum und Schulhof
Sozialform: Kleingruppenarbeit und Klassenunterricht
Material: Pappe und Bastelutensilien für Verkehrsschilder, Kreide, Roller

Durchführung:

Zu einer ausgewählten Verkehrssituation fertigen die Schüler in Kleingruppen entsprechende Verkehrsschilder aus Pappe an. Auf dem Schulhof wird dann die Verkehrssituation (z. B. Kreuzung mit Zebrastreifen) mit Kreide aufgemalt und die Verkehrsschilder werden an der richtigen Stelle platziert. Anschließend wird das richtige Verhalten in den verschiedenen Situationen und in verschiedenen Rollen – als Fußgänger und mit Rollern als Auto- oder Fahrradfahrer – erprobt.

Ziel: Möglichkeiten zur bewegten Freizeitgestaltung selbstständig erkunden
Ort: Schulweg, Klassenraum
Sozialform: Einzel- oder Partnerarbeit
Material: –

Durchführung:

Die Schüler erhalten als Hausaufgabe die Aufgabe, den eigenen Schulweg, ggf. mit einem Mitschüler, der denselben Weg hat, bezüglich der Nutzungsmöglichkeiten zu beschreiben. Die Nutzungskategorien – z. B. Wohnhaus, Einkaufsmöglichkeit (Supermarkt, Kiosk, Kaufhaus, ...), „Arbeits"haus (Bürogebäude, Werkstatt, ...), Garten (privat), Rasen-/Park- oder Naturfläche (öffentlich), Platz (Parkplatz, Spielplatz, öffentlicher Platz) usw. – werden vorher gemeinsam besprochen. Die Schüler tragen die jeweiligen Nutzungsmöglichkeiten beidseitig eines Weges auf einem Blatt ein. Anhand dieser Aufzeichnungen werden dann die unterschiedlichen Nutzungsräume mit verschiedenen Farben farbig markiert.

Aus allen Beschreibungen kann anschließend beispielsweise eine Broschüre zum Thema „Spiel- und Bewegungsmöglichkeiten für Kinder in unserem Stadtteil" erstellt werden. Dazu sollten die markierten Orte mit Straßennamen gekennzeichnet werden.

Variation bzw. Fortführung:

Fortgesetzt werden kann die Arbeit, indem Kriterien zur Beurteilung der (Bewegungs)qualitäten der erkundeten Räume entwickelt werden. Anschließend werden die/einzelne Bewegungsräume durch Erproben bewertet. Da eine solche Überprüfung mit einer hohen Bewegungsintensität verbunden ist, muss genügend Zeit zur Verfügung stehen.

Beispiele:

- Will man die Kletterattraktivität von Klettergeräten beurteilen, so muss man sie beklettern.
- Gibt es informelle Freiplätze (z. B. Bolzplätze), so muss man auf ihnen Fußball spielen, um Aussagen über ihre Eigenschaften als Fußballplatz treffen zu können.

Die Erprobungen werden anschließend ausgewertet und zusammengefasst und könnten dann der Schulöffentlichkeit oder auch einem Vertreter eines entsprechenden Stadtausschusses präsentiert werden.

Hinweis:

Der letztgenannte Aspekt reicht in den Kompetenzbereich „Gesellschaft und Politik" hinein, indem im Sinne von Partizipation Interessen artikuliert und demokratische Entscheidungsprozesse kennengelernt werden.

Ziel: grundlegende Lebensbedingungen von Tieren spielerisch festigen
Ort: Schulhof oder Sporthalle
Sozialform: Klassenunterricht
Material: –

Durchführung:

Angelehnt an das Laufspiel „Feuer, Wasser, Blitz" sollen die Kinder Tiere einem Lebensraum zuordnen und entsprechende Bewegungen ausführen:

- Bei Tieren, die im Wasser leben, legen sie sich auf den Bauch und führen Schwimmbewegungen durch.
- Bei Tieren, die an Land leben, laufen sie auf der Stelle oder – bei vierbeinigen Tieren – auf allen Vieren.
- Bei Vögeln führen die Kinder Flügelschlagbewegungen aus.

Zwischendurch bewegen sich die Schüler frei im Raum.

Hinweis:

Ggf. strittige Zuordnungen, z.B. Hühner, können anschließend im Klassenraum geklärt werden.

Ziel: charakteristische Merkmale und Fähigkeiten von Tieren bewegt erfassen

Ort: Klassenraum oder Pausenhalle

Sozialform: Klassenunterricht oder Gruppenarbeit

Material: Klingelbälle

Voraussetzung:

Die charakteristischen Merkmale von Katzen werden exemplarisch erarbeitet: Die Katze ist ein Raubtier, die ihrer Beute nachts auflauert. Welche Sinne und Körperteile helfen der Katze, sich zu orientieren? Daran schließen sich die Fragen an: Wie tasten Katzen mit Haaren? Wie hören Katzen? Welche Funktion haben die Krallen?

Durchführung:

Die einfachste und bei Kindern beliebte Aufgabe stellt zunächst das Nachahmen einer katzenhaften Bewegung dar. Dabei spielt weniger die äußere Form (sich auf allen Vieren bewegen) eine Rolle, sondern die spezifische Art und Weise des katzenhaft-schleichenden Ganges. Dieser lässt sich unter Umständen sogar besser auf zwei Beinen nachahmen.

Weitere funktionale Themen können dann ausgehend von eigenen Versuchen bearbeitet werden.

Beispiele:

a) gutes Gehör:

Drei Kinder sitzen mit verbundenen Augen und etwas Abstand mit gegrätschten Beinen auf dem Boden. Ein Kind rollt einen Klingelball einem der Kinder zu. Die beiden anderen Kinder sollen sagen, wo der Ball ist.

b) „Tasthaare“:

Mit Stühlen und Kindern wird ein kleiner Parcours gebildet, durch den andere Kinder sich mit verbundenen Augen (= Nacht) und ausgebreiteten Armen (= Tasthaare) hindurchbewegen sollen.

Nach der Katze können viele andere Tiere nachgeahmt werden.

Ziel: grundlegende Körperkenntnisse festigen
Ort: Klassenraum
Sozialform: Kleingruppenarbeit
Material: Kärtchen mit Körperteilbezeichnungen

Voraussetzung:

Schüler haben Körperteile begrifflich bereits kennengelernt.

Vorbereitung:

Es werden Namenskärtchen mit verschiedenen Körperteilen (auf Vorder- und Rückseite) vorbereitet. Das kann auch von den Schülern gemacht werden.

Durchführung:

Jeweils drei Kinder bilden eine Gruppe. Ein Kind zieht aus dem Kartenpool eine beschriftete Karte und liest vor, was auf Vorder- und Rückseite der Karte steht. Die beiden anderen Gruppenmitglieder sollen sich nun an den auf den beiden Seiten der Karte benannten Körperteilen, z. B. Schulter und Hand, berühren bzw. „zusammenkleben“. Das dritte Gruppenmitglied zieht dann eine weitere Karte und die Partner versuchen, sich mit zwei weiteren Körperteilen zu berühren, ohne die erste Verbindung zu lösen. Je nach gezogenen Karten kann es so unterschiedlich viele Berührungspunkte geben. Die Karten werden danach zurückgelegt und die Rollen in der Dreiergruppe werden getauscht.

Ziel: Aufbau und Funktionen des Skeletts kennenlernen
Ort: Klassenraum
Sozialform: Partnerarbeit, Klassenunterricht
Material: große Bögen Packpapier oder Tapetenrollen, Stifte

Durchführung:

Ein Schüler legt sich auf dem Papier auf den Boden, wobei die Arme und Beine etwas abgespreizt sein sollten. Der Partner zeichnet nun die Umrisse des Liegenden nach. Anschließend werden die Aufgaben gewechselt.

Jeder Schüler probiert dann am eigenen Körper aus, an welchen Stellen – aufgrund von Gelenken – Bewegungen möglich sind und zeichnet diese Stellen mit einem farbigen Stift in die eigene Umrissskizze ein. Die Partner vergleichen ihre Skizze und ergänzen ggf. Gelenke, die sie selbst übersehen haben.

Im Klassenverband werden danach die Bezeichnungen der verschiedenen Gelenke besprochen und die eigenen Skizzen werden entsprechend beschriftet.

Welche sachunterrichtlichen Fragen knüpfen daran an?

- Welche Bewegungsrichtungen haben die verschiedenen Gelenke?
- Gelenke sind die Enden von Knochen. Wo gibt es große, wo kleine Knochen? Welche Knochen lassen sich gut fühlen, welche nicht? Warum ist das so?

Die Anfertigung der Umrissskizzen mit den Gelenken ist für die Wochenplanarbeit geeignet.

Ziel: Skelett als anatomische Grundlage der Haltung erkunden
Ort: Klassenraum
Sozialform: Partnerarbeit, Klassenunterricht
Material: evtl. Beobachtungsbogen mit verschiedenen Sitzvarianten, Skelett

Durchführung:

In einem ersten Schritt erhalten die Partner die Aufgabe, sich gegenseitig in ihrem Sitzverhalten zu beobachten. Jeweils ein Partner begibt sich dabei in eine Beobachterposition am Rand des Klassenraums, während die anderen ein „normales" Unterrichtsthema bearbeiten. Nach ca. 15 Minuten werden die Rollen getauscht. Die Aufgabe der Beobachter besteht darin, mit einer Strichliste die Veränderungen der Sitzhaltung des Partners festzuhalten und die verschiedenen Sitzpositionen zu skizzieren. Hierzu könnte auch ein Beobachtungsbogen mit verschiedenen Sitzvarianten ausgeteilt werden, auf dem die Veränderungen nur angekreuzt werden müssen. In der anschließenden Besprechung werden die Schüler nach Gründen für die bewusste oder unbewusste Veränderung der Sitzhaltung gefragt. Dabei soll vor allem herausgearbeitet werden, dass eine bestimmte Sitzposition auf Dauer anstrengend wird. Im Weiteren soll untersucht werden, was die Sitzveränderungen bewirken.

Die Schüler erhalten die Aufgabe, während des folgenden Unterrichts ihre Stuhllehne nicht zu verwenden. Ansonsten dürfen sie aber unterschiedlichste Arbeitshaltungen auswählen, z. B. auch knien oder stehen. Nach etwa 20 Minuten Unterricht wird das Unterrichtsgespräch auf die „Sitzaufgabe" gelenkt. Der Lehrer schreibt die Frage „Meine Stuhllehne ist weg! Wie halte ich mich?" an die Tafel und verweist auch auf die Beobachtungen und Erkenntnisse aus der ersten Stunde. Die Schüler berichten von der Erfahrung, dass es anstrengend ist, längere Zeit zu sitzen, ohne sich anzulehnen. Sie berichten von Veränderungen durch Aufrichten oder Zusammensinken, durch Abstützen mit den Armen auf dem Tisch, mit den Händen auf der Sitzfläche oder den Füßen vom Boden und dass das dem Rücken gut tut. Warum das so ist, soll im weiteren Verlauf untersucht werden.

Der Lehrer fordert die Schüler auf, die Hände unter den Hintern zu legen und ihre Sitzposition durch Aufrichten und nach Hinten-Rollen zu verändern. Dabei spüren sie deutlich zwei Knochen (Sitzbeinhöcker), die mehr oder weniger zum Vorschein kommen. An einem Skelett werden die selbst erkundeten anatomischen Veränderungen beim Bewegen gezeigt. Daran wird deutlich, dass eine Veränderung der Sitzhaltung zu veränderten Be- und Entlastungen des Skeletts führt. Durch das Abstützen kann der Druck verteilt werden, durch das Hin- und Herrollen werden unterschiedliche Knochen(anteile) belastet.

Ungeklärt bleibt bis hier die Frage, warum selbst mit Abstützen irgendwann der Rücken wehtut, wenn man aufgerichtet sitzt. Zur Erklärung schließt sich das nächste Beispiel (*30 Anspannung und Entspannung*) an.

Ziel: Zusammenwirken von Muskulatur und Skelettsystem für die Körperhaltung erkennen

Ort: Klassenraum, ggf. auch Sporthalle

Sozialform: Klassenunterricht, Gruppenarbeit

Material: 3 (oder mehr) kleine Kästen oder Sitzhocker, evtl. Skelett

Voraussetzung:

Das Thema knüpft direkt an die die Übung *29 Sitzexperimente* an. Die anatomischen Grundlagen zu Skelett und Muskulatur (siehe *28 Starschnitt*) sollten schon bearbeitet sein.

Durchführung:

Die Betrachtung des Skeletts hat gezeigt, dass man nur gerade sitzen kann, wenn das Becken senkrecht auf den Sitzbeinhöckern steht. Damit das gelingt, müssen verschiedene Muskeln, die unser Skelett umschließen, mitarbeiten. Wie das genau geht bzw. wie man sich gerade hält, sollen die Schüler mit mehreren Experimenten ausprobieren.

Dazu bekommen sie die Aufgabe, sich zunächst ganz schlaff mit dem Bauch auf einen kleinen Kasten oder einen Hocker zu legen. Dann sollen sie mehrmals versuchen, die Arme, dann die Beine und zum Schluss Arme und Beine gleichzeitig hochzuhalten, sodass sie wie ein Fallschirmspringer in der Luft auf dem Kasten liegen.

Als zweite Aufgabe soll ein Schüler sich mit dem Rücken längs und ganz gerade auf drei kleine Kästen legen. Dann ziehen Partner vorsichtig den mittleren Kasten weg und der liegende Schüler soll versuchen, ganz gerade oder steif wie ein Brett zu bleiben. Die Schüler können dann noch mit dem Abstand der Kästen experimentieren, indem sie ausprobieren, wie weit die beiden Kästen auseinandergezogen werden können, ohne dass der Liegende einsackt.

In der folgenden Reflexion geht es um die Frage, wie stark und welche Muskeln bei den Aufgaben angespannt werden müssen. Mit der Frage, ob die Schüler sich vorstellen können, eine ganze Nacht wie ein Fallschirmspringer oder ein Brett zu liegen, probieren die Schüler eine weitere Aufgabe. Mehrere Schüler legen sich dazu wie ein Brett über zwei Kästen und bilden so einen Tunnel. Alle anderen Schüler kriechen durch den Tunnel und sollen so die liegenden Mitschüler zu langer Anspannung motivieren.

In der sich dann wiederum anschließenden Reflexion geht es darum, herauszustellen, dass man die Muskeln nicht andauernd anspannen kann, sondern sie zwischendurch immer auch wieder ausruhen, d. h. entspannen, muss.

Ziel: Skelett und Muskulatur als Grundlage für Haltung und Bewegung verstehen

Ort: Klassenraum

Sozialform: Partnerarbeit, Klassenunterricht

Material: eine schlaffe Puppe bzw. ein Stofftier

Voraussetzung:

Das Thema knüpft direkt an die beiden vorigen Beispiele (*29 Sitzexperimente* und *30 Anspannung und Entspannung*) an.

Durchführung:

Zur Veranschaulichung des schon in den vorhergehenden Stunden thematisierten Sitzproblems setzt der Lehrer eine schlaffe (Stoff-)Puppe auf einen Stuhl mit Lehne. Danach dreht er die Puppe so, dass der Rücken frei ist – mit der Folge, dass die Puppe umfällt. Die Frage, was bei der Puppe anders ist als bei uns Menschen, können die Schüler aufgrund der vorausgegangenen Erfahrungen und Erkenntnisse leicht beantworten: „Menschen haben ein Skelett und Muskeln. Deshalb können wir auch ohne Lehne sitzen."

Mit folgenden Aufgaben sollen die Kinder dann herausfinden, in welcher Position sie ihren Rücken so gerade wie eine Stuhllehne halten können:

1. „Mit dem Rücken an der Wand":
   Ein Schüler stellt sich möglichst mit dem ganzen Körper an die Wand und geht dann in die Knie, als wenn man sich auf einen Stuhl setzen wolle. Der Rücken soll Wandkontakt behalten.

2. „Rücken an Rücken":
   Zwei Schüler stellen sich Rücken an Rücken und haken sich mit den Armen ein. Sie gehen in die Knie, als ob sie sich hinsetzen, und versuchen dabei, den Rücken gerade zu halten.

3. „Selbstkontrolle und Beobachtung":
   Die Schüler setzen sich mit dem Po auf ihre Hände, sodass sie ihre Sitzbeinhöcker püren und machen ihren Rücken krumm. Dann richten sie sich auf und machen ihren Rücken gerade. Was passiert jetzt mit den Knochen (Selbstkontrolle)? Wie sieht die Sitzhaltung von außen betrachtet aus (Partnerbeobachtung)?

Im abschließenden Unterrichtsgespräch, in dem auch auf die Erkenntnisse der vorhergehenden Stunden zurückgegriffen wird, geht es um die Feststellung, dass man Rückenmuskeln anspannen muss, um sich gerade zu halten, dass man das aber nur über einen kürzeren Zeitraum kann und die Muskeln dann wieder entspannen muss. Deshalb gehört zum Sitzen das „Krumm-Machen" genauso wie das „Gerade-Sitzen".

Ziel: die grundlegende Funktion des Herz-Kreislauf-Systems verstehen
Ort: Schulhof, Schulgebäude
Sozialform: Partnerarbeit
Material: Stoppuhr, digitale Armbanduhr oder analoge Uhr mit Sekundenzeiger

Voraussetzung:

Die Schüler müssen in Methoden des Pulsmessens (an der Halsschlagader leichter fühlbar) eingeführt worden sein. Die Pulsmessung sollte immer über 15 Sekunden durchgeführt werden.

Durchführung:

Die Schüler erhalten die Aufgabe, nach verschiedenen Tätigkeiten jeweils ihren Puls zu messen und den Wert dann auf einem Blatt zu notieren. Die Partner wechseln sich dabei ab, indem einer die Tätigkeit ausführt und der Partner anschließend die Zeit für das Pulsmessen stoppt.

Beispiele für Tätigkeiten:

- auf dem Stuhl sitzen und etwas schreiben
- 20x auf der Stelle hüpfen
- eine bestimmte Treppe 1x langsam hinauf und hinabsteigen
- die Treppe 3x schnell hinauf- und hinabsteigen
- eine bestimmte Strecke (z. B. um das Schulgebäude) schnell laufen

Hinweis:

Bei den Experimenten ist es wichtig, dass sich die Schüler vor den einzelnen Tätigkeiten jeweils erholt fühlen. Insofern ist es günstig, die Tätigkeiten evtl. auf mehrere Tage zu verteilen.

Die Aufgabe ist gut für den Wochenplan geeignet.

Welche sachunterrichtlichen Fragen knüpfen daran an?

- Wann verändert sich der Puls?
- Bei welchen Tätigkeiten ist der Puls am höchsten?
- Was passiert im Körper bei einem Pulsschlag?
- Wie ist der Zusammenhang zwischen Pulsschlag und Herzschlag?
- Warum schlägt das Herz bei manchen Tätigkeiten schneller?

Ziel: Wettersymbole bewegt veranschaulichen
Ort: Klassenunterricht
Sozialform: Klassenraum
Material: Wettersymbolkarten

Durchführung:

Verschiedene Wettererscheinungen werden an die Tafel geschrieben und jeweils mit aussagekräftigen Bewegungen belegt.

Beispiele:

- Sonne/sonnig: Arme und Hände bilden einen großen Kreis.
- Wolke/bedeckt: Hände halten die Wolkendecke von unten oder Wolkenform wird mit Händen nachgemalt.
- Regen: Finger bewegen sich wie Regentropfen von oben nach unten.
- Wind: Kinder schwanken wie ein Baum im Wind hin und her.
- Schnee: Hände bewegen sich wiegend nach unten, immer wieder von links nach rechts.
- Hagel: Fäuste boxen in die Luft.
- Nebel: Kinder tasten blind mit den Händen in der Luft.
- Gewitter: Blitze werden mit den Armen und Händen auf den Boden „geworfen". Dabei sind die Hände gespreizt senkrecht nach unten gerichtet.

Als Weiterführung kann der Lehrer Wettersymbolkarten zeigen und die Schüler führen die passende Bewegung dazu aus.

Ziel: spezifisches Verhalten bei Gewitter bewegt erproben

Ort: Sporthalle

Sozialform: Klassenunterricht

Material: 1 Weichbodenmatte, 2 große Kästen, 1 Turnmatte, 2 Rollbretter mit 2 kleinen Kästen, 2 große Kästen mit Schwungtuch, 2 Langbänke und Turnmatten, Fußballtor, Überdeckung, Springseile, Slalomstangen

Vorbemerkung:

Fächerübergreifend kann im Sportunterricht das Thema Wettererscheinungen aufgegriffen und eine Bewegungslandschaft unter dem Thema „Gewitter" aufgebaut und genutzt werden.

Vorbereitung:

Lehrer und Schüler bauen eine Bewegungslandschaft auf:

- See: blaue Weichbodenmatte auslegen
- Haus: zwei große Kästen mit Turnmatte abdecken
- 2 Autos: zwei Rollbretter mit je einem kleinen, umgedrehten Kasten (evtl. zwei Seile zum Ziehen); durch Linien auf dem Hallenboden wird die Fahrbahn für die Autos begrenzt
- Höhlen: zwei große Kästen parallel zueinander stellen und Schwungtuch darüber legen; zwei Langbänke parallel zueinander und senkrecht zur Wand stellen und mit Turnmatten abdecken
- Kiosk: Fußballtor mit Überdeckung
- Spielwiese: eingegrenzter Hallenbereich mit Springseilen
- Wald: Slalomstangen als Bäume

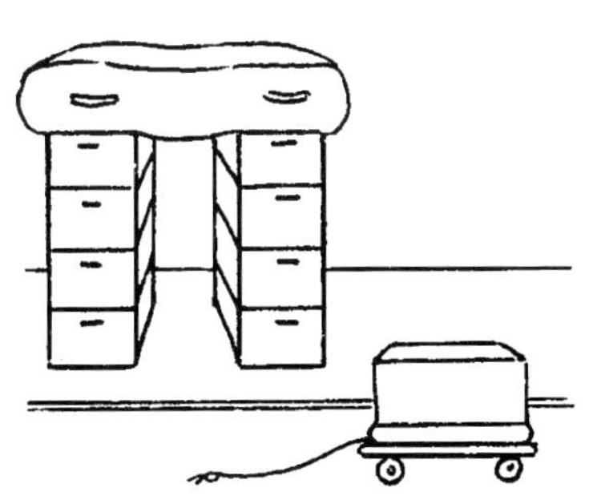

Durchführung:

Der Lehrer stellt die Bewegungslandschaft vor und spricht mit den Schülern über richtige Verhaltensweisen bei Gewitter:

- Sichere Orte: Haus, Auto, Höhle, Kiosk
- Richtige Verhaltensweisen: raus aus dem Wasser, weg von Bäumen, in die Hocke gehen

In Anlehnung an das Spiel „Feuer, Wasser, Blitz" wird das Spiel „Donner, Blitz, Regen, Sonne" gespielt. Die Schüler werden aufgefordert, sich richtig zu verhalten und auf ein Signalwort einen geeigneten Ort aufzusuchen.

Ziel: Wettererscheinungen vergegenwärtigen und entspannen
Ort: Klassenraum
Sozialform: Klassenunterricht
Material: ggf. Wettergeschichte

Durchführung:

Um die Schüler „wetterfühlig" zu machen, d.h. verschiedene Wettereigenschaften leiblich zu erfassen, liest (oder erzählt) der Lehrer eine Geschichte vor. Ein Partner legt den Kopf auf den Armen auf dem Tisch ab, der andere Partner massiert mit zuvor festgelegten Bewegungen, die die in der Geschichte auftauchenden Wettereigenschaften symbolisieren, den Rücken des Partners.

Folgende Geschichte kann erzählt werden:

- Es wird Frühling, die Sonne scheint (*mit der flachen Hand im Kreis reiben*) und die Sonnenstrahlen (*strichförmige Bewegungen mit den Fingern zeichnen*) wärmen.
- Je mehr es Sommer wird, desto mehr gewinnt die Sonne an Kraft und es wird immer wärmer (*mit der flachen Hand etwas schneller und kräftiger im Kreis reiben, sodass die Wärme immer spürbarer wird*).
- Nach einiger Zeit ziehen ein paar Wolken am Himmel auf (*mit den beiden Zeigefingern Wolken zeichnen*), es wird windig bis stürmisch. Ein Gewitter zieht auf.
- Es blitzt (*sehr vorsichtig dosierte Handkantenschläge ausführen*) und es beginnt zu regnen (*mit Fingern leicht und wenig auf den Rücken tupfen*).
- Schon nach kurzer Zeit wird der Regen stärker, die Tropfen werden immer größer (*in höherer Frequenz und fester mit den Fingern auf den Rücken tupfen*).
- Schließlich beginnt es noch zu hageln (*mit den Fäusten leicht auf den Rücken hämmern*).
- Nach einiger Zeit lässt das Gewitter nach und der Regen wird weniger (*mit Fingern leicht auf den Rücken tupfen*).
- Im Herbst stürmt und regnet es (*wieder mit den Fingern etwas fester auf den Rücken tupfen*).
- Es ist oft neblig (*mit aufgelegten Handflächen Streichbewegungen von links nach rechts ausführen*).
- Schließlich wird es auch immer kälter und es beginnt zu schneien. Der Winter hat Einzug gehalten (*mit aufgelegten Handflächen Streichbewegungen von oben nach unten ausführen*).

6 Luft hat Kraft

Kl. 2–4

Ziel: erkennen, dass Luft/Wind Kraft hat und Bewegungen bremst
Ort: Schulhof, Sporthalle
Sozialform: Klassenunterricht, Kleingruppenarbeit
Material: Schwungtuch

Durchführung:

Die Schüler fassen ein Schwungtuch an den Rändern an und bewegen es auf und ab. Dabei wird mit dem Schwungtuch Luft eingefangen. Das ist vor allem an der aufzuwendenden Kraft zu spüren, aber auch durch die „Beulen" nach unten oder oben zu sehen.

Die Geschwindigkeit des Aufwärts- und Abwärtsbewegens soll gesteigert werden und einzelne Kinder setzen sich unter das Tuch. Die Kraft des Windes (der bewegten Luft) wird einerseits durch die von den Schülern dabei aufgewendete Kraft nachempfindbar, andererseits auch den sitzenden Kindern spürbar.

In Kleingruppen sollen die Schüler anschließend ihre Erfahrungen in Merksätze fassen und eine grobe Abstufung von Windstille bis zum Orkan vornehmen.

Welche sachunterrichtlichen Frage knüpft daran an?

Einführung der Windstärken nach Beaufort (hier eigenen sich für die Schüler entsprechend zubereitete Skalen)

Ziel: erkennen, dass Luft/Wind Kraft hat und die Brems- oder Antriebswirkung von der Größe der Fläche abhängt, die der Luft entgegensteht

Ort: Schulhof

Sozialform: Partner- oder Kleingruppenarbeit

Material: Inlineskates, Bettlaken und Band (z. B. Paketschnur)

Durchführung:

Die Übung ist als Partnerarbeit konzipiert, kann aber auch in der Kleingruppe durchgeführt werden. Ein Bettlaken wird mit zwei Zipfeln um die Knöchel gebunden. Die beiden anderen Zipfel werden in jeweils eine Hand genommen. Beim Fahren mit Inlineskates wird Luft eingefangen, wenn man die Arme ausbreitet, und wieder „freigelassen", wenn man die Arme eng an den Körper legt. Die Schüler sollen mit unterschiedlichen Geschwindigkeiten und Körperhaltungen experimentieren. Der Partner beobachtet, wie sich diese Veränderungen auswirken.

Hinweise:

Die Aufgabe kann auch ohne Inlineskates nur mit Laufen durchgeführt werden.

Das Band zum Befestigen sollte genügend lang sein, damit die Beine ausreichend Bewegungsspielraum haben.

In dieser Form ist die Aufgabe auch gut für den Wochenplan geeignet

Variation:

Zwei Kinder halten je zwei Zipfel des Bettlakens in mehr oder weniger senkrechter Position und laufen damit vorwärts. Dabei verändern sie den Abstand ihrer Arme und den Abstand zwischen sich.

Welche sachunterrichtliche Frage knüpft daran an?

Wie heißt die Wind-Kraft, die beim Fahren/Laufen spürbar wird?

Ziel: erspüren, dass Wasser Bewegungen bremst, und erkennen, dass das Abbremsen der Bewegung durch die Kraft des Wassers bewirkt wird, die man als Widerstand bezeichnet

Ort: Schulhof, Schwimmbad, Klassenraum

Sozialform: Klassenunterricht

Material: –

Vorbemerkung:

Diese Aufgaben sollten fächerübergreifend im Schwimmunterricht durchgeführt und im Sachunterricht reflektiert werden.

Voraussetzung:

Die Schüler sollten schon eine gewisse Wassersicherheit haben.

Durchführung:

Die Klasse erprobt vor der Schwimmstunde bewusst Fangspiele und Wettrennen auf dem Schulhof, die dann im Schwimmbad im hüfthohen Wasser durchgeführt werden.

In der Reflexion im Sachunterricht erkennen die Kinder, dass Laufen im Wasser anstrengend ist, dass Wasser bremst und man deshalb nicht so schnell wie an Land ist.

Welche sachunterrichtliche Frage knüpft daran an?

Wie bezeichnet man die Kraft, die die Fortbewegung im Wasser bremst?

Ziel: Auftriebskraft des Wassers erfahren

Ort: Schulhof, Schwimmbad, Klassenraum

Sozialform: Einzel- und Partnerarbeit, Klassenunterricht

Material: Bälle, Schwimmbretter, Badematte, Luftmatratze, Schwimmreifen oder Autoschlauch

---

Hinweis:

Diese Aufgaben sollten fächerübergreifend im Schwimmunterricht durchgeführt und im Sachunterricht reflektiert werden.

Voraussetzung:

Die Schüler sollten schon eine gewisse Wassersicherheit haben.

Durchführung:

Die Schüler führen verschiedene Experimente im stehtiefen Wasser durch und erforschen folgende Fragen:

- Kann ich einen Ball unter Wasser drücken? Gibt es Unterschiede zwischen einem großen und einem kleinen Ball?
- Kann ich auf einem Schwimmbrett/einer Badematte/einer Luftmatratze/ einem Autoreifen stehen/sitzen/liegen, ohne unterzugehen?
- Kann ich einen Mitschüler, der auf dem Wasser liegt, unter Wasser drücken?

Im Sachunterricht versuchen die Kinder in Kleingruppen, ihre Erkenntnisse in Merksätzen zu formulieren.

Welche sachunterrichtliche Frage knüpft daran an?

Wie bezeichnet man die Kraft, die einen Körper auf dem Wasser trägt?

Ziel: erkennen, dass Strom nur fließen kann, wenn Stromquelle und Elektrogerät durch einen Stoff verbunden sind, der den Strom leitet.

Ort: Sporthalle

Sozialform: Klassenunterricht

Material: –

Voraussetzung:

Kinder müssen bereits Versuche zu Leitern und Nichtleitern gemacht haben. Sie müssen wissen, welche Stoffe leiten und welche nicht leiten.

Durchführung:

Einige Kinder (so viele, dass die Kinder, wenn sie die Arme ausstrecken, die Querseite der Turnhalle komplett versperren) stehen auf der Mittellinie: Sie sind Leiter oder Nichtleiter. Die restlichen Schüler sind Stromkinder und stehen an der Stromquelle (eine Seite der Turnhalle) in Startposition. Ein Kind als Elektrogerät (es darf sich aussuchen, was es darstellen möchte) steht auf der anderen Seite der Turnhalle. Der Spielleiter ruft ein Material (z. B. Holz, Kupferdraht, Wasser usw.) auf. Die Leiter-/Nichtleiterkinder versperren den Weg mit den Armen oder heben die Arme, je nach Material, das der Spielleiter nennt. Die Stromkinder müssen – je nachdem, welches Material genannt wird – sofort aus ihren Startlöchern losschießen oder an Ort
und Stelle bleiben. Das Elektrogerät macht, wenn der Strom tatsächlich bei ihm ankommt, eine typische pantomimische Bewegung oder gibt typische Geräusche von sich (z. B. Fön: Kind gibt Föngeräusche von sich).

Hinweise:

Um die fachliche Korrektheit zu wahren, ist es wichtig, dass die Stromkinder, bevor der Spielleiter ein Material ruft, in den Startlöchern stehen und sich nicht bewegen.

Außerdem sollte darauf geachtet werden, dass die Kinder, wie im richtigen Stromkreis auch, in eine Richtung zurückgehen, und nicht irgendwie zurücklaufen.

Welche sachunterrichtlichen Fragen knüpfen daran an?

- Was passiert genau, wenn ein Leiter einen Stromkreis schließt?
- Warum kann der Strom nicht fließen, wenn ein Nichtleiter einen Stromkreis schließt?

Ziel: Leiter und Nichtleiter unterscheiden können
Ort: Klassenraum
Sozialform: Klassenunterricht
Material: –

Voraussetzungen:

Die Schüler müssen wissen, welche Stoffe leiten und welche nicht leiten.

Durchführung:

Alle Kinder bis auf eins stellen sich in einen Kreis mit einer Lücke und fassen sich an den Händen. Ausgehend von einem Kind, das an der Lücke steht, geben sie einen Impuls – Hand drücken – weiter. Der „Strom" fließt nur bis zur Lücke. Nun wird ein Kind bestimmt, das ein Elektrogerät nach Wahl darstellt, z. B. eine Bohrmaschine. Das außenstehende Kind ist entweder Leiter oder Nichtleiter. Es nennt das Material, das es darstellen möchte (z. B. Aluminium), und schließt anschließend die Lücke im Stromkreis. Das Kind, das das Elektrogerät darstellt, bleibt entweder ruhig oder „springt an" (d. h. gibt typische Geräusche von sich bzw. macht typische Bewegungen) – je nach Material, das in den Stromkreis eingesetzt wurde.

Variationen:

a) Nach Schließen der Lücke durch einen Leiter oder Nichtleiter, wird der Stromimpuls – Handdrücken – ggf. in eine Richtung bis zum Elektrogerät weitergegeben. Das Elektrogerät springt nur an, wenn ein Impuls ankommt.

b) Damit mehr Kinder mitdenken müssen, kann es im Kreis verteilt mehrere identische Elektrogeräte geben, die bei Schließen der Lücke „anspringen" oder ruhig bleiben.

Welche sachunterrichtlich Frage knüpft daran an?

Was bedeutet offener oder geschlossener Stromkreis?

Ziel: die Funktion eines Schalters verstehen
Ort: Klassenraum
Sozialform: Gruppenarbeit
Material: –

Voraussetzungen:

Den Schülern müssen bereits die Bauelemente eines Stromkreises bekannt sein.

Durchführung:

Ein Kind wird festgelegt, das die Batterie darstellen soll, d. h. von dem der Strom ausgeht (Batteriekind). Ein anderes Kind ist das Elektrogerät, das nur dann funktioniert, wenn der Strom bei ihm ankommt (Elektrogerätekind). Es stellt sich möglichst nahe rechts neben die Energiequelle. Alle Kinder stellen sich im Kreis auf und fassen sich an den Händen. Das „Batteriekind" gibt einen Stromimpuls (in Form eines Handdrückers) im Uhrzeigersinn weiter. Dieser kann nur dann den ganzen Stromkreis durchlaufen, wenn alle Kinder sich an den Händen halten und der Stromkreis geschlossen ist. Gelangt der Strom zum „Elektrogerätekind", gibt dieses ein Geräusch von sich bzw. macht eine Bewegung, um zu veranschaulichen, dass es nun funktioniert.

Variationen:

a) Der Stromkreis, der zuerst geschlossen war, wird an einer Stelle unterbrochen (Hände lösen). Die Schüler formulieren Hypothesen, was nun passiert. Das „Batteriekind" gibt erneut einen Stromimpuls ab. Die Kinder, die an der offenen Stelle stehen, verbalisieren, was passiert (können Impuls nicht weitergeben/bekommen keinen Impuls, den sie weitergeben können).

b) Ein Kind, das im Stromkreis steht, stellt einen Schalter dar (Schalterkind), d. h. es darf sich entscheiden, ob es die Hände der Kinder, die neben ihm stehen, hält oder nicht. Das „Elektrogerätekind" und Kinder neben dem „Schalterkind" verbalisieren, was passiert (keine Impulse, die weitergeleitet werden können, Strom kommt nicht beim Elektrogerät an).

Welche sachunterrichtlichen Fragen knüpfen daran an?

- Wie funktioniert ein Schalter?
- Welche Stoffe leiten den Strom? Welche leiten den Strom nicht?

Ziel: Unterschied zwischen Reihen und Parallelschaltung erkennen
Ort: Sporthalle oder Schulhof
Sozialform: Klassenunterricht
Material: Kreppband oder Seile

Voraussetzungen:

Die Schüler müssen wissen, was ein Stromkreis ist und wie er funktioniert, und müssen Begrifflichkeiten in diesem Zusammenhang kennen.

Durchführung:

Als Erstes wird ein Stromkreis mit Reihenschaltung aufgeklebt/mit Seilen gelegt. Die Reihenschaltung wird dargestellt: Zwei Kinder knien sich als zwei Lampen hintereinander auf den Stromkreis. Die restlichen Schüler spielen Stromfluss, indem sie auf dem Kreis laufen und über die „Lampen" springen.

Stromkinder bemerken, dass es anstrengend ist, wenn man zweimal hintereinander über zwei Widerstände springen muss (Stromfluss wird langsamer).

Anschließend wird eine Parallelschaltung dargestellt: Der Stromkreis verzweigt sich, in jeder Verzweigung ist eine extra Lampe. Die Stromkinder können wählen, ob sie Stromkreis-Weg A oder Stromkreis-Weg B wählen. Sie müssen dann immer nur über ein Kind springen, was leichter und weniger anstrengend ist.

Anschließend verbalisieren und übertragen die Schüler das Erprobte auf die Realität: Wenn zwei Lämpchen in Reihe geschaltet werden, leuchten sie weniger hell, da der Strom hintereinander zwei Widerstände überwinden muss. Wenn zwei Lämpchen parallel in einen Stromkreis eingebaut sind, kommt das zwei Stromkreisen gleich, d. h. der Strom muss immer nur einen Widerstand überwinden und die beiden Lämpchen leuchten beide normal hell.

Welche sachunterrichtliche Frage knüpft daran an?

Welche Vor- und Nachteile haben Reihen- und Parallelschaltung?

Ziel: gleichgerichtete Ausrichtung von Elementarmagneten erkennen
Ort: Klassenraum oder Sporthalle
Sozialform: Gruppenarbeit
Material: Kreppband, Handtrommel
Seil für die Variation

Voraussetzung:

Die Schüler müssen bereits Erfahrungen mit Magneten gesammelt haben und die Begriffe Magnet, Magnetismus und magnetischer Stoff müssen bereits erschlossen sein.

Durchführung:

Die Schüler stellen sich mit ausgebreiteten Armen und unterschiedlichen Blickrichtungen irgendwie im Raum auf. Sinnvoll ist es, eine rechteckige Begrenzung, z. B. durch Kreppband auf dem Boden, vorzugeben. Jeder Schüler stellt einen Elementarmagneten im ferromagnetischen Körper (das Rechteck, das auf dem Boden gezeichnet wurde) dar. Nun schauen alle Schüler in unterschiedliche Richtungen. Zwei Kinder spielen den Magneten, der den ferromagnetischen Stoff magnetisiert. Dabei laufen sie mehrmals durch das Rechteck und drehen währenddessen die Elementarmagneten, an denen sie vorbeikommen, in eine Richtung. Der Vorgang wird so lange fortgesetzt, bis alle Elementarmagneten die gleiche Ausrichtung haben. Anschließend verbalisieren die Kinder, die den Magneten dargestellt haben, was passiert ist („Wir haben alle Elementarmagneten in dieselbe Richtung gedreht."). Die Kinder, die die Elementarmagnete darstellen, verbalisieren ebenfalls („Wir schauen jetzt alle in die gleiche Richtung, deshalb können wir alle gemeinsam etwas anziehen."). Danach schlägt der Lehrer auf eine Handtrommel, was das Herunterfallen des ferromagnetischen Stoffes darstellen soll. Auf das Geräusch hin spielen alle Kinder eine Erschütterung nach (z. B. fallen auf den Boden) und drehen sich dann wieder in unterschiedliche Richtungen.

Variation:

Den Kindern wird zu Beginn, wenn sie noch alle in unterschiedliche Richtungen schauen, ein langes Seil in die Hand gegeben. Daran ist ein Gegenstand befestigt. Nun sollen sie versuchen, mithilfe des Seils den Gegenstand zu sich zu ziehen – was aber nicht funktioniert, da die Kinder alle in unterschiedliche Richtungen ziehen. Nach der Magnetisierung wird ein neuer Versuch gestartet, der nun glückt. Die Schüler verbalisieren ihre Beobachtungen und übertragen sie auf den Sachverhalt.

Welche sachunterrichtlichen Frage knüpft daran an?

Was sind Elementarmagnete und was geschieht bei der Magnetisierung?

Ziel: einfache Bauskizzen verstehen und umsetzen

Ort: Klassenraum, Pausenhalle, Schulhof, Sporthalle

Sozialform: Partner- und Kleingruppenarbeit

Material: Bauklötze

Teppichfliesen, Pappkartons (Verpackungsmaterial aus dem Supermarkt) für Variation a)

Sporthallengeräte und -materialien (kleine Kästen, Bänke, Matten, Reifen, Seile, ...) für Variation b)

Durchführung:

Die Schüler erhalten einfache Skizzen, auf denen die jeweiligen Bauteile entweder perspektivisch aus einer Seitenansicht oder eindimensional aus einer Draufsicht zu sehen sind. Die Bauteile sind in einer bestimmten Anordnung aufgezeichnet.

Entsprechend unterschiedlicher Bauzeichnungen erhalten die Kinder in Kleingruppen (Partner-, Dreier- oder Vierergruppen) die Aufgabe, die jeweilige Konstruktion genau nachzubauen. Diese Aufgabe kann zunächst mit Bauklötzen (Würfel, Quader, Kegel, Walze) im Klassenraum ausgeführt werden. Nachdem alle Gruppen ihre Konstruktion erstellt haben, werden sie zu „Baugutachtern", die die Ausführung der Bauten anderer Gruppen anhand der Bauskizze kontrollieren.

Variationen:

a) Wie bei der Grundaufgabe erhalten die Gruppen jeweils eine spezifische Bauzeichnung. Die Bauten bestehen z. B. aus Teppichfliesen und Pappkartons. Die Schüler sollen wiederum die eindimensionalen Zeichnungen in den dreidimensionalen Raum übertragen und dabei außerdem ihre Bauten an einer in der Zeichnung markierten Stelle im Raum (Klassenraum, Pausenhalle, Schulhof) platzieren. Dadurch wird zusätzlich die räumliche Orientierungsfähigkeit gefordert und gefördert.

b) Wie bei Variation a) sollen in Gruppen kleine Stationen, die anschließend auch zum Bewegen genutzt werden, anhand einer Zeichnung in der Sporthalle aufgebaut werden.

Ziel: das Problem der Stabilität von Bauwerken erkennen und erläutern
Ort: Sporthalle, Klassenraum
Sozialform: Gruppenarbeit
Material: Matten, kleine Kästen, Holz-Bauklötze (Vierkanthölzer: z. B. ca. 6 cm Kantenlänge und 30 cm Länge)

Durchführung:

In der Sporthalle bilden jeweils mindestens sechs Schüler eine Gruppe, möglichst aus Kindern mit unterschiedlicher Größe und/oder unterschiedlichem Gewicht und bauen eine Körperpyramide beginnend aus zwei Kindern in Bankposition. Ein Kind kniet auf dem Rücken des anderen Kindes. Die Gruppen probieren jeweils verschiedene Konstellationen bezüglich Größe und Gewicht aus und reflektieren ihre Erkenntnisse („Das untere Kind sollte möglichst größer/kräftiger sein als das obere."). Anschließend wird eine Gruppe aufgefordert, auf einem kräftigen Fundament eine dreistöckige Pyramide zu bauen, indem ein weiteres, leichtes Kind sich in Bankposition auf die beiden unteren Kinder kniet. Als Aufstiegshilfe kann ein kleiner Kasten verwendet werden und der Lehrer steht zur Sicherung bei der Gruppe. Aus den gesammelten Erfahrungen der drei „Pyramiden-Kinder" und den Beobachtungen der anderen kann die Erkenntnis gezogen werden, dass auch ein kräftiges Fundament nur begrenzt tragfähig ist und ein schmaler Turm mit zunehmender Höhe wackelig und instabil wird. Mit dieser Einsicht sollen die Gruppen anschließend stabile zweistöckige Pyramiden aus mehreren Personen bauen. Gebaut werden können z. B. 2-1-, 3-2- oder 4-2-Pyramiden.

Im Klassenraum (oder auch in der Sporthalle) sollen die Gruppen anschließend ihre statischen Erkenntnisse beim Bau eines Turms aus Vierkanthölzern anwenden, indem sie aus einer gegebenen Anzahl von Bausteinen einen stabilen, möglichst hohen Turm konstruieren sollen.

Hinweis:

Dreistöckige Körperpyramiden sollten mit dieser Altersstufe ohne Hilfestellung des Lehrers aus Sicherheitsgründen nicht gebaut werden!

Welche sachunterrichtlichen Aufgaben knüpfen daran an?

Ausgehend von den gesammelten Erfahrungen sollen die Schüler eine einfache Bauzeichnung für Türme aus beliebig vielen Bausteinen anfertigen und ihre Konstruktion erklären können.

Diese Aufgabe ist gut für den Wochenplan geeignet.

47 Brückenkonstruktion

Ziel: die Stabilität einer Konstruktion prüfen

Ort: Sporthalle

Sozialform: Kleingruppenarbeit

Material: Turnbänke (1 pro Gruppe), kleine Kästen (2 pro Gruppe), Stifte, Papier

Durchführung:

Die Schüler erhalten die Aufgabe, in Kleingruppen (Vierer- oder Fünfergruppen) eine Brücke über einen „reißenden Fluss" zu bauen. Sie sollen dazu alle Möglichkeiten, wie man aus einer Bank und zwei kleinen Kästen eine Brücke bauen kann, ausprobieren und ihre Konstruktion dann auf Stabilität testen, indem sie über die gebaute Brücke balancieren. Anschließend fertigen sie von der stabilsten Brücke eine Skizze an, anhand derer sie später im Klassengespräch die Vorzüge der Brücke erläutern.

Ziel: Roll- und Reibungswiderstand experimentierend kennenlernen
Ort: Sporthalle
Sozialform: Gruppenarbeit
Material: Baumwolltücher (z. B. altes Bettlaken), Pappe (z. B. Verpackungskarton), Teppichfliesen, Rollbretter

Durchführung:

Die Schüler erhalten die Aufgabe, verschiedene Materialien auf ihre Rutsch- bzw. Rolleigenschaft zu überprüfen, indem ein Gruppenmitglied von den anderen auf verschiedenen Materialien/Geräten sitzend gezogen werden soll.

Zu testende Materialien können sein:

- Baumwolltuch
- große Pappe
- Teppichfliese (beide Seiten testen)
- Rollbrett

Nachdem die verschiedenen Materialien von mehreren Gruppenmitglieder erprobt worden sind, soll die Rutsch- bzw. Rolleigenschaft in einer Tabelle mittels einer Skala (z. B. -- / – / + / ++) bewertet werden.

Variation:

Die Schüler bekommen die Aufgabe, zu Hause mit ihrem Fahrrad eine bestimmte Strecke einmal mit sehr wenig Luft (fast „platter" Reifen) und einmal mit voll aufgepumpten Reifen zu fahren und zu überlegen, ob sie einen Unterschied spüren.

Welche sachunterrichtlichen Fragen knüpfen daran an?

- Wie kann man sich die Kenntnis über den unterschiedlichen Reibungswiderstand zwischen verschiedenen Materialien beim Transportieren von Lasten zu Nutze machen (z. B. Möbel verrücken)?
- Wie ist der höhere Rollwiderstand bei einem wenig aufgepumpten Reifen zu erklären? Welche Bedeutung hat das für das Fahren mit einem Auto?

49 Wippe und Hebel

Ziel: die Funktionsweise einer Wippe und die Bedeutung der Hebellänge verstehen

Ort: Sporthalle, Klassenraum

Sozialform: Kleingruppenarbeit

Material: Wippen (Bänke, Kastendeckel)
Lineal, Radiergummi, Büroklammern für Fortsetzung

Durchführung:

Eine umgedrehte Bank wird mittig über einen Kastendeckel gelegt, sodass eine Wippe entsteht. Die Schüler sollen nun in Kleingruppen (vier bis sechs Schüler) mehrere Experimente an ihrer Wippe machen:

- Zwei etwa gleichgroße/-schwere Schüler setzen sich jeweils auf das Ende der Bank und versuchen zu wippen.
- Zwei unterschiedlich schwere Schüler setzen sich auf die Bankenden und versuchen zu wippen.
- Bei beiden Konstellationen erhalten die Schüler außerdem die Aufgabe, nicht zu wippen, sondern sich im Gleichgewicht zu halten, ohne dass ein Bankende den Boden berührt.
- Die ungleichen Paare sollen durch Positionsveränderung auf der Bank versuchen, ein Gleichgewicht herzustellen.
- Die ungleichen Paare sollen durch Gewichtsveränderung (z. B. durch einen Medizinball) versuchen, das Gleichgewicht herzustellen.

Die jeweiligen Beobachtungen sollen von den Gruppen aufgeschrieben werden und bieten die Grundlage für das sich anschließende Unterrichtsgespräch, in dem die Funktionsweise einer Wippe geklärt wird.

Fortsetzung:

Zur Einführung der Fachbegriffe Angel-/Drehpunkt, Hebel, Hebellänge, Gewicht/Kraft bietet es sich außerdem an, die Schüler ein Modell bauen zu lassen. Dazu können ein Radiergummi und ein Lineal verwendet werden (wodurch die Mitte genau zu bestimmen ist). Das Lineal wird zunächst ins Gleichgewicht gebracht. Anschließend kann durch Auflegen von Büroklammern und Hebellängenveränderung das Prinzip einer Waage erforscht werden.

Welche sachunterrichtlichen Fragen knüpfen daran an?

- Was ist ein Angel-/Drehpunkt? Was versteht man unter einem Hebel? Welcher Zusammenhang besteht zwischen Hebellänge und Gewicht bzw. Kraft?
- Die Funktionsweise einer Waage erklären können.
- Den Zusammenhang zwischen Hebellänge und Kraft am Beispiel eines Nussknackers (einseitiger Doppelhebel) erproben und erklären können.

Ziel: die Funktion von Fahrradteilen kennen

Ort: Klassenraum

Sozialform: Klassenunterricht
Kleingruppenarbeit für Variation

Material: Kärtchen mit Bezeichnungen für Fahrradteile

Voraussetzung:

Die Schüler haben im Rahmen der Verkehrserziehung die einzelnen Teile eines Fahrrads und deren Funktionsweise kennengelernt und wissen, welche Teile für ein verkehrssicheres Fahrrad notwendig sind.

Vorbereitung:

Es werden Kärtchen mit Fahrradteilen (sowohl notwendige wie Reifen, Bremse als auch zusätzliche wie Fahrradkorb, Gangschaltung, Lenker) vorbereitet.

Durchführung:

Die Kärtchen mit den Bezeichnungen der Fahrradteile liegen verdeckt auf einem Tisch. Ein Kind zieht eine Karte und versucht anschließend das benannte Fahrradteil pantomimisch darzustellen. Die anderen Kinder versuchen, das Fahrradteil zu erraten und einzuschätzen, ob es sich um ein notwendiges oder nur zusätzliches Teil handelt.

Variation:

Die Schüler finden sich in Kleingruppen zusammen. Ein Kind zieht eine Karte und stellt das Teil zunächst dar. Wenn die anderen das Teil erraten haben, führt die Gruppe mit dem „Fahrradteil" ein Interview.

Dabei geht es z. B. um die Fragen:

- Wofür bist du wichtig?
- Mit wem arbeitest du zusammen?
- Wie muss man dich pflegen?

Anspannung und Entspannung 39
Alte Spiele 19
Aus der Puste 41
Der Schulhof als Bewegungs- und Begegnungsraum 21
Blitz und Donner 43
Brückenkonstruktion 56
Familienkonstellationen 20
Fahrradteil-Quiz 59
Gegen den Wind 46
Gerechte Mannschaftsbildung 26
Gestaltung und Nutzung der Umgebung 33
Gestern, heute, morgen 12
Jahreskreis hüpfen 15
Körperkontakte 36
Lastentransport 57
Luft hat Kraft 45
Leiter und Nichtleiter 49
Magnetismus ferromagnetischer Stoffe 53
Mannschaften wählen 24
Mein Rücken ist meine Lehne 40
Mein Stammbaum 17
Mein Tag 10
Nach Plänen bauen 54
Offener und geschlossener Stromkreis 50
Räume kartographieren 28
Reihen- und Parallelschaltung 52
Route verfolgen 30
Schule früher 18
Schüler entwickeln eine Pausenspielkiste 22
Sekundengehen 13
Sich an Karten orientieren 29
Sich im Klassenraum orientieren 27
Sonne, Wind, Wolken 42
Sitzexperimente 38
Stammbaum 16
Starschnitt 37
Strom ein- und ausschalten 51
Tage hüpfen 11
Tageszeiten 9
Tiere nachahmen 35
Turmbau 55
Verkehrszeichen 31
Verkehrszeichen beachten 32
Wasser hat Kraft 47
Wasser, Land, Luft 34
Wasser trägt 48
Wettermassage 44
Wippe und Hebel 58
Wunschsportstunde – Perspektivwechsel 23
Zeitspannen füllen 14